EU LÍDER
CONSTRUINDO O SUCESSO CORPORATIVO

TÂNIA NOBRE GONÇALVES FERREIRA AMORIM

AMÉRICO NOBRE AMORIM
TIZIANA JORDA SEVERI FREITAS
PIETRO SEVERI

EU LÍDER

CONSTRUINDO O SUCESSO CORPORATIVO

Copyright © 2006 by Tânia Nobre Gonçalves Ferreira Amorim

Todos os direitos desta edição reservados à Qualitymark Editora Ltda.
É proibida a duplicação ou reprodução deste volume, ou parte do mesmo,
sob qualquer meio, sem autorização expressa da Editora.

Direção Editorial SAIDUL RAHMAN MAHOMED editor@qualitymark.com.br	**Produção Editorial** EQUIPE QUALITYMARK
Capa WILSON COTRIM	**Editoração Eletrônica** UNIONTASK

CIP-Brasil. Catalogação-na-fonte
Sindicato Nacional dos Editores de Livros, RJ

A545e   Amorim, Tânia Nobre Gonçalves Ferreira

Eu, líder: construindo o sucesso corporativo/Tânia Nobre Gonçalves Ferreira Amorim (organizadora); (com a colaboração de Tiziana Jorda Severi Freitas, Américo Nobre Amorim, Pietro Severi). – Rio de Janeiro: Qualitymark, 2005.

Inclui bibliografia
ISBN 85-7303-604-4

1. Liderança. 2. Administração de empresas. I. Título.

05-2972

CDD 658.4092
CDU 65:316.46

2006
IMPRESSO NO BRASIL

Qualitymark Editora Ltda. Rua Teixeira Júnior, 441 São Cristóvão 20921-405 – Rio de Janeiro – RJ Tel.: (0XX21) 3860-8422	Fax: (0021) 3860-8424 www.qualitymark.com.br E-mail: qualitymark.com.br QualityPhone: 0800-263311

Dedicatória

Dedicamos este livro àqueles que pretendem desenvolver seu potencial de liderança, construindo seu sucesso como líder e gestores de pessoas.

AGRADECIMENTOS

Agradecemos aos nossos pais, por terem sempre nos incentivado a crescer e buscar o melhor de nós mesmos.

Agradecemos também a todos os amigos, alunos e colaboradores, que engrandeceram nossas esperanças ao compartilhar idéias e estudos.

E agradecemos a Deus por nossas vidas e realizações.

O QUE VOCÊ ENCONTRARÁ NESTE LIVRO

Começar a escrever um livro é uma audácia que muitos não têm. Este não é nosso primeiro livro, mas desejamos que seja especial.

Falar de liderança já é por si só um grande desafio, pois existe uma infinidade de livros e artigos sobre o tema. Nosso objetivo é simplificar e sintetizar parte do que lemos para escrever nossa Tese de Doutorado em Administração, pois acreditamos que será de muita valia para quem deseja desenvolver seu potencial de liderança.

Uma tese fica esquecida numa biblioteca universitária, com acesso restrito a estudantes de mestrado ou doutorado. Mas um livro pode ser lido por muitos, e o nosso poderá ajudar você a trilhar os caminhos da liderança pessoal e profissional.

Em dois anos de pesquisa, lemos mais de 150 trabalhos, entre artigos e livros, nacionais e estrangeiros, sobre liderança nas organizações. Descobrimos muitas dicas interessantes que podem ajudar quem deseja melhorar seu potencial, ou mesmo iniciar ações na busca para se tornar um líder.

E foi por isso que convidamos nossa companheira de caminhada na universidade, Tiziana, e os acadêmicos de Administração, Américo e Pietro, nossos filhos, para nos ajudar a transformar a tese em livro. Assim, poderemos compartilhar nosso aprendizado com você e ajudá-lo a entender como poderá trabalhar seu potencial de liderança de forma clara e simples.

Desejamos que você leia este livro com facilidade, relaxado, tentando ver-se nas situações e proposições que faremos. Certamente, mesmo não pretendendo ser um "remédio milagroso para todos os males", estamos buscando ajudar você a se entender melhor, perceber como suas ações e atitudes interferem no seu relacionamento com os outros, e poder, a partir daí, inserir-se no processo de liderança, não apenas como liderado, mas como um Aprendiz de Líder.

Acredite, desde já, que você é capaz de aprender a se comportar como um líder. Se ainda não acredita, leia atentamente nossos argumentos, pois temos plena convicção de que somos capazes de conseguirmos o que desejamos quando entendemos como podemos chegar lá.

SUMÁRIO

O QUE VOCÊ LERÁ NESTE LIVRO XI

1. COMO SE VEM ESTUDANDO LIDERANÇA ATÉ AGORA? 1

2. O QUE É LIDERANÇA? 7

3. PRINCIPAIS ELEMENTOS QUE COMPÕEM A LIDERANÇA 11

   a) Carisma 12

   b) Vínculo Social 12

   c) Percepção 14

   d) Credibilidade 16

   e) Poder de comunicação 19

4. PRINCIPAIS ASPECTOS QUE INFLUENCIAM A LIDERANÇA 23

   a) Motivação 26

   b) Estrutura de poder da organização 29

   c) Os liderados 35

   d) Estratégia organizacional 42

   e) Comunicação organizacional 47

   f) Clima organizacional 49

5 EXISTE UM ESTILO IDEAL DE LÍDER?...........................	59
6. ESQUEÇA OS MITOS DA LIDERANÇA........................	63
7. O QUE NOSSO GRANDE MESTRE PETER DRUCKER NOS ENSINA SOBRE LIDERANÇA?.............................	69
8. QUAIS SERIAM OS ATRIBUTOS IMPRESCINDÍVEIS AO LÍDER?...	73
9. HÁ UM TIPO DE PERSONALIDADE CARACTERÍSTICA DO LÍDER?...	79
10. APRENDA A CULTIVAR CERTAS PRÁTICAS PARA SER UM LÍDER..	89
11. AS MULHERES SÃO MELHORES LÍDERES OU NÃO?..........	97
12. AFINAL, QUEM É O LÍDER BRASILEIRO?......................	109
NOSSA MENSAGEM FINAL PARA VOCÊ...........................	115
REFERÊNCIAS BIBLIOGRÁFICAS.....................................	117
UM POUCO SOBRE AUTORES...	123

1

Como Se Vem Estudando Liderança Até Agora

As organizações estão sempre sendo testadas e cobradas pelo mercado, pela qualidade dos seus produtos, serviços e desempenho organizacional.

O que se espera de uma organização neste século é que não só cumpra seus objetivos específicos de produzir um determinado produto ou prestar um serviço à sociedade, mas também que isto seja feito com responsabilidade social, tudo além dos simples processos organizacionais internos; a responsabilidade com o meio ambiente, com seus colaboradores, com a economia de mercado e com muitos outros aspectos que ultrapassam as barreiras organizacionais.

Analisando a gestão organizacional, há mais de 25 anos, notamos que muitos estudos atuais repetem outros, praticados há várias décadas, com uma nova "roupagem".

Surgem novas formas milagrosas de gestão, que se transformam numa verdadeira "coqueluche", e a maciça maioria dos executivos passam a creditá-las como a única solução para todos os males. Estamos falando das idéias que se transformam em modismos, pregadas pelos consultores como a única solução possível para aquele momento.

O que se está procurando são soluções para nossas dificuldades, com um mínimo de esforço e que não exijam confrontos entre os envolvidos, o que é quase impossível. A fórmula perfeita, que sirva em qualquer situação, é uma busca que, na nossa visão, jamais se efetivará.

Mas, sim, uma solução específica para cada situação e em cada momento, é o que todos nós podemos buscar.

Nesse cenário, as organizações buscam pessoas para colaborarem com suas atividades, que tenham um perfil flexível, ou talvez mais que isso, buscam, mesmo que inconscientemente, um ser "mutante" ou "camaleão".

Um ser que ora esqueça seus valores pessoais para incorporar os valores organizacionais, ora seja um verdadeiro guru, que crie visões de futuro, as quais devem propiciar a manutenção da organização pelo maior período possível, além de seu crescimento e perpetuação.

É certo que até hoje não conhecemos nenhuma organização que se tenha perpetuado por toda a história. Elas terminam por sucumbir ao insucesso ou são absorvidas por outras, de maior "poder de fogo".

Mas todas as organizações, independente de serem grandes ou pequenas, buscam pessoas que não apenas somem uma pequena parcela a seus resultados, mas que também saibam lidar com outras em sinergia, criando um clima positivo, que favoreça os resultados organizacionais como os de seus membros.

Essas pessoas são chamadas de diferentes formas, mas a mais instigante e atraente talvez seja quando as chamamos de *líderes*.

Os *líderes* foram e continuam sendo estudados pelas ciências humanas e sociais, das mais variadas formas, numa busca contínua de melhoria do desempenho, com qualidade de vida e um sadio relacionamento dos seus membros.

Alguns autores, quando definem os líderes, transformam-nos em verdadeiros super-homens, tornando impraticável nossa busca. Outros reforçam a idéia de que o líder é nato, portanto não adiantaria tentarmos aprender para nos tornarmos líderes.

Podemos perguntar de que é feito um líder? Ou ainda, como poderíamos nos transformar em líder? E muitas outras questões, para as quais não teremos apenas uma resposta, mas diversas idéias, até mesmo, controversas.

Os líderes não são só formados por conhecimento técnico ou inteligência. Eles precisam saber lidar muito bem com seu lado emocional e com o dos que os cercam, como afirma Goleman (1999). Além disso, é importante saber lidar com o lado emocional e as relações interpessoais na medida em que subimos na estrutura de poder das organizações.

Os líderes levam a organização a agir, através das pessoas que nela trabalham, em direções previamente traçadas, as quais tentam atender aos objetivos e às metas organizacionais.

A busca das organizações em capacitar seu pessoal da melhor forma é constante, mas isto nem sempre dá resultado. Algumas metacompetências imprescindíveis ao líder são salientadas por Klemp Jr. (2001), as quais sintetizamos abaixo para que você as entenda:

Nesse raciocínio, a liderança exige grandes competências, além da capacidade mental, da inteligência emocional e do conhecimento técnico. A pessoa que deseja ser líder precisa possuir um ego saudável, ou seja, conhecer-se bem e ter desenvolvido seu potencial de relacionamento interpessoal. Precisa saber influenciar as pessoas para que elas conheçam e acreditem em suas idéias, e, com isso, programar as ações a serem desenvolvidas para a realização dos objetivos.

Queremos dizer que, para se transformar em líder de um grupo, de uma equipe de trabalho ou de um setor organizacional, você precisará, principalmente, conhecer-se melhor. A partir daí, passar a se preocupar em conhecer os outros.

Antigamente, a estratégia era ditada pela diretoria, e os funcionários eram seus reféns, pois apenas deveriam implementá-la com lealdade e obediência. Hoje, cada funcionário é responsável pelos resultados da organização em sua área de atuação. Deve contribuir para a competitividade e para a definição da estratégia (Goshal, 1999) de sua unidade, como também compartilhar da estratégia global da organização.

A quantidade de trabalhos, pesquisas e estudos sobre líderes e processo de liderança surpreende os que procuram estudar este fenômeno. Isso porque, mesmo constituindo uma das principais preocupações sobre o comportamento humano, não há consenso sequer sobre sua definição.

Dentre esses estudos, salientamos Tannenbaum (1973), Hollander (1978), Bergamini (1980/94/2002), Bennis (1989/1999), Bruschini (1990/1995), Belle (1991/1993), Conger (1991), Leite (1994), Rosener (1991/1995), Kanter (1996), Drucker (1996), Lewis (1998), Lipman-Blumen (1999), Kouzes & Posner (1991/2000) e muitos outros, que, estudando o fenômeno, nos últimos 40 anos, contabilizaram mais de 3.000 livros e artigos sobre liderança. Alguns concluíram não saberem hoje muito mais do que sabiam quando iniciaram os estudos.

A preocupação com a liderança é tão antiga quanto a história escrita, e tem diferentes significados para diferentes pessoas, em várias culturas (Bergamini, 1994).

É importante entender que a liderança não é algo pronto. Ela vai-se instalando aos poucos. É um processo que envolve muitos elementos e sofre influência de diversos fatores. Passe a entender a liderança como um processo entre líder, liderados e o ambiente que os cerca, exigindo diversas habilidades de cada um dos envolvidos, além de práticas e ações que todos possam entender e desenvolver, como ilustramos a seguir.

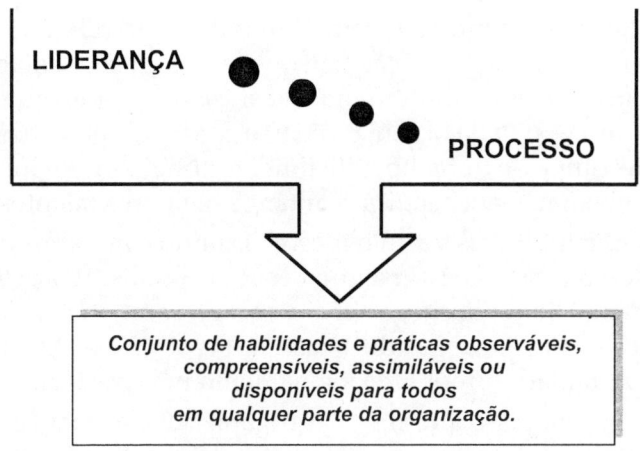

Baseado em *Encontrando sua voz de liderança*, Kouzes, 2001

A liderança, como já foi dito, é um processo; ela se instala a partir do relacionamento entre as pessoas, seu conhecimento, interesses e motivações para atingir determinados fins. Para conseguir isto, você terá que conhecer as principais características de um processo de liderança, como ele pode ser iniciado, e como você deverá se esforçar para tentar transformar-se em líder, ou, se já o é, para melhorar suas qualidades de líder.

Nos últimos anos, há grande ênfase na busca por profissionais que tenham perfil de liderança aguçado, para que contribuam de forma integral no desenvolvimento da organização, frente ao contexto conturbado e muito mutável. Mas, profissionais com este perfil não são facilmente encontrados, razão porque cresce o interesse teórico pelo estudo da liderança e como se processa.

A manutenção de talentos nas organizações, depende, basicamente, da ação do líder em relação ao espaço em que ele permite os talentos agirem. Porém, muitos dos que ocupam cargos de chefia não proporcionam essa oportunidade, e outros reclamam da incapacidade dos seus comandados. Assim, existe um descompasso entre as expectativas que nutrem os dois lados, fazendo com que a almejada harmonia fique seriamente comprometida (Bergamini, 2002).

Isso significa dizer que as pessoas participam das organizações em diferentes períodos de suas vidas, têm diferentes demandas e aspirações em relação à organização como um todo, e em relação a elas próprias. Assim, tanto a organização tem que satisfazer seus colaboradores ou funcionários, como eles têm que satisfazê-la, só que em diferentes aspectos. E se a gestão da organização não conseguir perceber como satisfazer sua equipe de trabalho, dificilmente atingirá os melhores resultados, e também não conseguirá manter os melhores talentos.

Homens e mulheres vêem o mesmo mundo com olhos diferentes. A prioridade masculina é perseguir resultados, objetivos, *status* e poder, alcançar a "linha de chegada", e vencer a competição. As preocupações femininas são, segundo Pease & Pease (2000), comunicação, harmonia, igualdade, amor e relacionamento interpessoal.

Talvez seja por isso que algumas organizações estejam começando a permitir que a mulher comande pessoas, departamentos e diretorias. Elas ainda são minoria, mas podemos afirmar que é uma minoria crescente, algumas vezes silenciosa, outras muito barulhenta, mas mostrando que chegou para ficar e compartilhar o poder decisório com os homens.

O choque entre o universo masculino e o feminino, na gestão, está longe de ser um assunto tranqüilo e bem resolvido, pois as organizações têm sua lógica calcada em valores "masculinos". Na visão de Betiol (2000), tal lógica continua a ser um obstáculo para a ascensão das mulheres.

2
O QUE É LIDERANÇA?

A liderança é um fenômeno muito estudado, mas pouco entendido. Poderíamos listar uma infinidade de definições sobre o fenômeno liderança, salientando que os autores geralmente abordam dois elementos-chave: ser um fenômeno grupal e um processo de influência exercido de forma intencional por parte do líder sobre seus liderados.

Isso significa aceitar que os liderados, uns diferentes dos outros, seguem seu líder, a partir de seu comportamento que os influencia, não por serem dominados, mas porque suas ações e atitudes geram efeitos sobre o grupo.

O processo de liderança normalmente envolve um relacionamento de influência em duplo sentido, orientado, principalmente, para o atendimento de objetivos mútuos, tais como aqueles de um grupo, de uma organização ou de uma sociedade. Portanto, a liderança não é apenas o cargo ocupado por um líder, mas também requer esforços de cooperação por parte de outras pessoas (Hollander, 1978).

A liderança também tem sido estudada como um processo que envolve trocas sociais, ou seja, o líder é visto como o que traz benefícios para os membros do grupo, e estes lhes conferem autoridade perante eles. Sob este aspecto, o líder desempenha um papel de facilitador dos resultados do grupo, entendendo a liderança como a capacidade de administrar o sentido que as pessoas dão às coisas que estão fazendo (Bergamini, 2000).

Assim, a liderança pode ser estudada a partir do:

- comportamento dos líderes;
- relacionamento entre líder e liderados.

Mas se efetiva sendo influenciada:

- pelo processo de comunicação;
- pela interação entre os membros de um grupo;
- pela estrutura de poder.

Nos anos 1940/1950, a liderança era tida como nata, ou seja, ou você nascia com ela, ou jamais seria um líder. A liderança seria reflexo de alguns traços característicos da personalidade, considerados como os maiores facilitadores do desempenho do líder:

- sociabilidade;
- autoconfiança;
- ascendência;
- domínio;
- participação nas trocas sociais;
- fluência verbal;
- equilíbrio emocional;
- controle;
- busca de responsabilidade, dentre outros.

Na verdade, os autores dessa época sequer chegaram a uma relação uniforme de características da personalidade de um líder, pois os seus estudos os levaram a relações muito variadas que, em certas características, se repetiam, mas a maioria delas não.

Dizemos hoje que há, sim, alguns traços de personalidade que favorecem você a se tornar líder com mais facilidade, mas isto não é condição única para que a liderança se efetive.

Na década de 1950/1960, passou-se a estudar a dinâmica do comportamento do líder, ou seja, aquilo que faz, suas atividades de gerenciamento do dia-a-dia. Assim, passou-se a acreditar que uma pessoa poderia ser treinada para desempenhar o comportamento de liderança.

Hoje, ainda acreditamos nisso, mas sabemos que não apenas o comportamento de uma pessoa é responsável por ela ser, ou vir a ser, um líder. Diversas outras variáveis irão influenciar nesse processo, pois a liderança é algo que se constrói, ela não nasce pronta!

A partir da década de 1960, Likert, um estudioso organizacional, definiu dois estilos de chefia: um orientado para a produção e outro orientado para os empregados, como extremos de um contínuo em quatro gradações, indo do menos participativo ao mais participativo, este último sendo o que eleva o padrão de desempenho da organização.

Na verdade, ele estava buscando verificar como o comportamento do líder influenciava nos resultados organizacionais e, assim, buscar elevar o padrão de desempenho.

Blake & Mouton, na década de 1970, criaram um programa de treinamento e desenvolvimento para gestores conhecido como *Grid Gerencial*, que propõe um modelo de líder ideal.

Este modelo foi muito conhecido, mas também muito criticado. Era interessante estudá-lo no seu principal tipo, mas o que se verificou é que o modelo não foi devidamente testado, e não se pode acreditar que existe "um estilo ideal de liderança" para qualquer situação, uma vez que varia de acordo com a situação, com o momento, e com as pessoas envolvidas.

Bergamini (2002), uma professora brasileira que se interessa pelo tema da liderança há alguns anos, a define como um processo de "influenciação", onde a credibilidade do líder só ocorrerá a partir da competência que ele tenha em dominar recursos e transmitir aos seguidores estratégias para ação e mudanças.

Liderar, no sentido amplo, diz respeito à capacidade de conseguir que as pessoas façam o que o líder entende que precisa ser feito, e com sucesso. Para isso, ele precisa saber administrar emoções e frustrações que surgem, em resposta ao ambiente instável em que as cercam, confrontando-se, constantemente, com o inesperado.

Vários outros enfoques se seguiram, buscando traçar modelos de liderança e gestão, ora com única ênfase nas ações do líder, ora nas situações. Mas uma pergunta nos surge neste momento: o que há de especial na gestão com liderança? Veja a resposta na figura a seguir.

O QUE HÁ DE ESPECIAL NA GESTÃO COM LIDERANÇA?

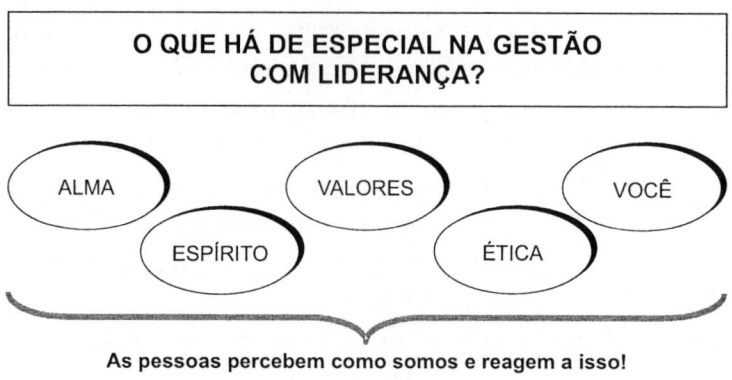

As pessoas percebem como somos e reagem a isso!

ATINGEM CREDIBILIDADE

A figura anterior nos sugere que uma gestão com liderança atinge seus resultados pela credibilidade que o líder consegue dos seus liderados, como um elemento fundamental à existência do processo de liderança.

Essa gestão em liderança envolve, então, mais que a competência técnica e a autoridade formal, normalmente exigidas de qualquer pessoa que ocupa cargo de chefia. Exige um compartilhamento de valores, espírito, ética e alma, entre o líder e sua equipe. É um envolvimento profundo, em que as pessoas passam a se conhecer melhor e a reagirem positivamente à gestão em liderança.

A liderança envolve um conjunto amplo e muito complexo de variáveis que precisam ser analisadas, sendo quase impossível obtermos respostas definitivas sobre o assunto.

É importante lembrarmos, novamente, que o líder não é um ser sobre-humano, em uma situação isolada, protegido de toda e qualquer influência externa. Mas, sim, um simples mortal que se relaciona com diversos elementos internos e externos à organização. Dependerá de cada um a busca por um modelo de liderança que seja adequado à sua situação, ao momento e às pessoas que o cercam.

3

Principais Elementos que Compõem a Liderança

Os estudiosos da liderança citam um grande número de elementos que compõem a liderança. Resumimos esses elementos no quadro a seguir, e os detalharemos mais adiante.

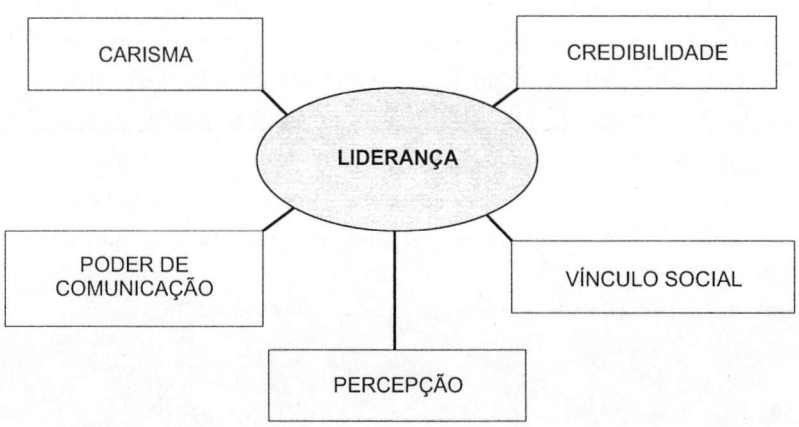

Esses elementos irão influenciar diretamente o processo de liderança entre líderes e liderados, tanto a visão do líder sobre eles, como o inverso.

Não podemos dizer que um desses elementos é mais importante do que o outro para que o processo de liderança ocorra, pois isso varia de situação para situação. Mas é importante que entendamos como eles participam efetivamente do processo de liderança, suas características e forma de influência, como iremos detalhar para você.

A) Carisma

É considerado como elemento-chave a favor da sua eficácia. Yukl (1989) acredita que o carisma seja resultado das percepções que os seguidores têm sobre as qualidades e os comportamentos dos líderes. Essas percepções são influenciadas pelo contexto, bem como pelas necessidades individuais e coletivas dos seguidores.

O líder, portanto, sendo carismático, influencia tanto na rede de significados da organização, quanto na cultura organizacional. Morgan (1996) reconhece o papel do líder na construção social da organização: não se coloca na dianteira da ação, mas deixa a escolha dos detalhes para os responsáveis pela sua implantação.

Há líderes com maior ou menor carisma, mas sem dúvida o carisma é um elemento facilitador no processo de liderança. Há autores que acreditam que, mesmo não tendo carisma, uma pessoa pode ser um líder. Quem compartilha desta posição é Peter Drucker, um dos grandes gurus da Administração Contemporânea, com o que concordamos.

O que geralmente acontece é que o líder consegue vitórias e resultados positivos não apenas para ele, mas para toda a equipe, e termina por ser admirado por ela. Assim, esta admiração tende a crescer com a ação e com as atitudes do líder em favor dos objetivos, não só organizacionais, mas também de todos que participam da ação.

B) Vínculo Social

A liderança utiliza um processo de inter-relações entre líder e subordinados ou liderados, onde ambos usufruem uma interação dinâmica. Nesta interação, formam-se vínculos sociais entre os que participam, pois a liderança é um fenômeno grupal que envolve um processo de influência mútua, a partir de objetivos previamente estabelecidos.

Expectativas semelhantes tendem a aproximar pessoas em certos tipos de trabalho, facilitando a formação de vínculos pessoais mais produtivos.

Alguns princípios facilitam que as organizações consigam participantes mais comprometidos com os objetivos organizacionais, favorecendo o sucesso organizacional, como sintetizamos abaixo.

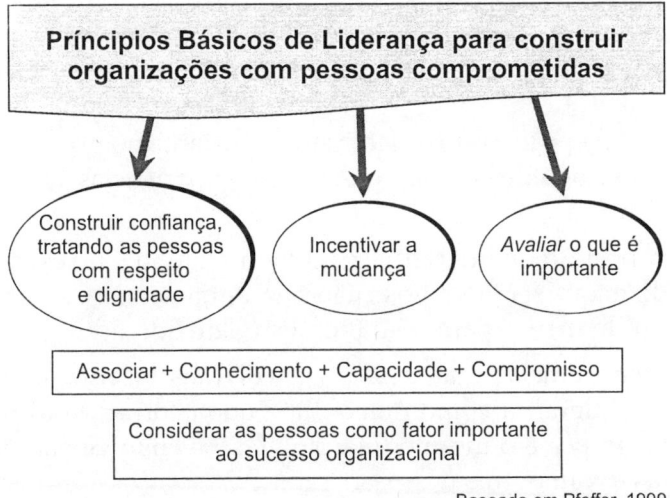

Baseado em Pfeffer, 1999

Pfeffer (1999), outro estudioso da liderança, acredita que, para se ter organizações eficazes, é preciso que elas sejam formadas por pessoas comprometidas. Se eu consigo que as pessoas sejam tratadas com respeito e dignidade, considerando-as como importante fator para o sucesso organizacional, conseguirei associar os conhecimentos e a capacidade desses colaboradores com compromisso, com os melhores resultados.

Para isso, é preciso incentivá-las à ação e avaliar os aspectos mais relevantes. Seguindo esses princípios, as organizações conseguirão sucesso se as pessoas se sentirem comprometidas com sua parcela de contribuição, a partir do seu conhecimento e da sua capacidade de ação.

As pessoas desempenham diferentes papéis sociais, os quais favorecem a formação de vínculos, que, por sua vez, são influenciados pelas percepções pessoais. Ou seja, quando as ações de uma pessoa vão ao encontro das expectativas do outro, o vínculo da liderança se processa. E quando este vínculo se processa, pode transformar-se em laços mais fortes de amizade, com o passar da convivência entre eles.

É isso que você deverá buscar com sua equipe de trabalho para se transformar em líder, ou melhorar sua capacidade de liderar.

C) Percepção

A sua percepção é outro elemento importante no processo de liderança, diferenciada de pessoa a pessoa, por experiências passadas e expectativas futuras.

A sua posição de liderança se altera no tempo e no espaço, o que significa dizer que ser líder, hoje, não é garantia de que o será para toda a vida, e muito menos para qualquer grupo de liderados.

As circunstâncias e as pessoas envolvidas fazem caracterizar o processo de liderança como único. Ele pode ocorrer de forma semelhante, mas nunca é o mesmo quando você se envolve em outras circunstâncias e com outras pessoas.

A nossa vida não é a simples repetição de fatos e atos, mas sim a ocorrência de fatos e atos, até mesmo semelhantes, mas nunca iguais.

Quantas vezes nós gostaríamos de reviver determinados momentos?

Mas sabemos que cada momento é único e não se repete...

Portanto, cada um de nós deve aprender a usufruir dos momentos que passamos, da melhor forma possível, sem buscarmos complicar. Isso também se aplica ao fato de querer se tornar líder de uma situação.

As necessidades de cada indivíduo são as forças que organizam sua percepção, ou seja, os julgamentos que ele faz da situação observada e das pessoas que o cercam.

É sempre bom lembrar que as pessoas têm necessidades diferentes. A partir dessa compreensão, muitos problemas administrativos poderão ser mais bem entendidos e resolvidos (Benfari & Kwox, 1991).

A sua percepção não só é crucial ao seu relacionamento pessoal, mas contribui, positiva ou negativamente, para a sua interação e sua motivação no trabalho. Por isto, sempre procure saber como seus colegas ou funcionários estão percebendo suas ações, e também suas intenções. Pois, muitas vezes, você faz algo pensando que será positivo para o grupo, mas poderá ser negativo, caso não seja bem recebido.

É importante lembrar também que nem sempre a percepção de sua ação ou dos resultados dessa ação é facilmente identificada por você, e, muito menos, pelo grupo com quem você se relaciona.

> Você precisa analisar, também, o "não dito", pois, muitas vezes, os funcionários percebem coisas que não expressam, o que dificulta o relacionamento entre você e eles.

> Uma preocupação constante de quem deseja liderar qualquer grupo é dar e buscar receber o *feedback* ou as repostas da ação desprendida.

Dar o *feedback* de como estamos percebendo uma situação e o comportamento de nossa equipe perante ela é extremamente importante para conseguirmos bons resultados e pessoas satisfeitas. Muitas vezes, as pessoas erram em suas atividades por não entenderem o que lhes foi solicitado.

O que fazemos é percebido de forma diferente por cada pessoa que nos cerca. Por quê?

Porque nossa percepção da vida e do que nos cerca depende de vários fatores pessoais e situacionais, dentre os quais podemos citar o conhecimento adquirido por cada um, sua experiência pessoal, a própria personalidade, o momento pelo qual estamos passando, e tantas outras coisas...

Da mesma forma, nossa percepção é influenciada por nós mesmos, ou seja, pela nossa forma de ver e entender o mundo que nos cerca, e de como nos sentimos perante ele, o mesmo acontecendo com as pessoas que nos cercam.

Então, a percepção que temos de uma determinada situação irá influenciar em como as pessoas nos percebem nesta mesma situação, e em outras posteriores. Precisamos buscar entender como isso está ocorrendo, para facilitar nossos relacionamentos e muito mais, se desejamos nos tornar líderes da situação.

D) A Credibilidade

A nossa credibilidade, perante pessoas e fatos, é construída dia após dia. Ocorre como resultado das nossas ações, de nossos comentários, e das situações em que nos envolvemos, com os que nos cercam.

O líder é percebido como alguém que traz algum benefício, não só para grupo como um todo, mas para cada um. Nasce, a partir daí, a credibilidade, que seria uma forma de reconhecimento conferido a ele, sendo um poder natural e legítimo, distante do poder formal, concedido pela organização.

Isso acontece não só a partir de um processo de influência mútua entre líder e liderados, mas também a partir do seu próprio exemplo de ação como líder.

A figura abaixo nos faz refletir sobre como as pessoas reagem com os seus líderes.

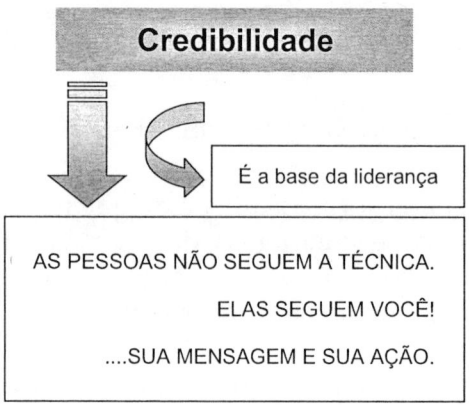

É interessante lembrarmos isso para você. Qualquer técnica a ser desenvolvida possui seus métodos e processos previamente definidos, e quanto mais bem elaborada, mais auto-explicativa será. Mas, quando passamos para o nosso pessoal o que queremos que seja feito, estamos transmitindo muito mais que meramente técnicas, tarefas e processos. Estamos transmitindo nossas idéias e convicções, e isso é que será o mais fortemente seguido.

O nosso autoconhecimento irá contribuir para que possamos melhorar a credibilidade em nós mesmos e nos outros. O líder normalmente tem um bom autoconhecimento que o leva a conseguir maior credibilidade. Por isso, o autoconhecimento é reconhecido como uma das primeiras habilidades a serem desenvolvidas quando se pensa em ser líder.

Quando o líder desfruta de credibilidade, os seus seguidores estão dispostos a despender um pouco mais do seu tempo, talento, energia, criatividade e apoio, chegando até, em alguns momentos, a deixarem seus interesses pessoais para se engajar em defesa dos objetivos do grupo.

Você precisa saber de que maneira é visto pelo grupo, o que você realmente quer fazer, aonde quer chegar, e talvez o mais importante e mais difícil: você precisa saber que dificuldades tem em relação à sua postura perante eles, conflitos pessoais, posições radicais etc.

Faça uma auto-análise de suas ações e decisões, recuando quando tiver se excedido e reconhecendo suas falhas no momento certo.

Você deve estar pensando: "*Falar é fácil...*".

Até concordamos com isso, mas você precisa estar consciente de que, se você não se conhece, não sabe os seus "porquês", as suas inseguranças e expectativas, como você poderá querer tornar-se líder do seu grupo?

Então, enfrente-se!

Não é necessário externar o que você vai descobrindo...

O fundamental é que você vá se conscientizando de suas dificuldades, e combatendo-as...

A credibilidade se instala a partir de uma relação aberta, integrada e em prol de resultados que todos possam usufruir: líder e liderados (Arnold & Plas, 1996).

Para você conseguir estabelecer sua credibilidade junto aos seus pares e subordinados, siga a idéia de Bornstein & Smith (1996), praticando os 6C's da liderança, ou seis critérios comportamentais, que ilustramos na figura da próxima página.

OS 6 C's DA CREDIBILIDADE

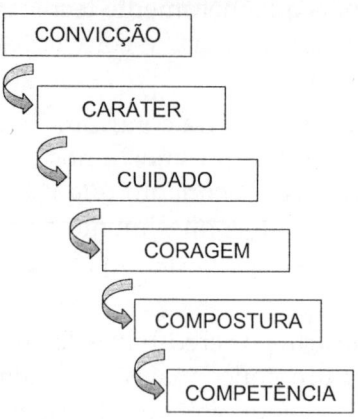

- CONVICÇÃO
- CARÁTER
- CUIDADO
- CORAGEM
- COMPOSTURA
- COMPETÊNCIA

É muito importante que você, além de ter convicção de quem você é e aonde quer chegar, deixe transparecer em suas atitudes seu próprio caráter, o que, muitas vezes, exige alto grau de coragem e cuidado para não ferir as pessoas envolvidas. Esteja certo de que se for estritamente necessário desagradar, que seja devidamente explicado, com compostura e competência para que as pessoas entendam as razões, e, mesmo que não concordem, aceitem.

Agindo assim, você conquistará a credibilidade das pessoas que trabalham com você, e o processo de liderança estará se instalando.

As pessoas desejam líderes que demonstrem qualidades como competência, senso de direção, honestidade e entusiasmo, porque eles querem acreditar em seus líderes (Kouzes & Posner, 2000).

Portanto, a sensibilidade interpessoal do líder, juntamente com sua habilidade de perceber e diagnosticar diferentes anseios e expectativas motivacionais dos seguidores, facilitará que as necessidades de auto-realização e auto-estima sejam satisfeitas, tanto do próprio líder, como dos seus seguidores. Isso confere ao líder um poder legítimo, advindo da identificação dos seguidores com ele e com a causa que representa (Bergamini, 2002).

Na verdade, essa relação de poder-influência só se dá quando o seguidor confere ao líder uma autorização consciente de que pode ser influenciado. Com isso, o líder desfrutará de uma credibilidade verdadeira por parte de seus seguidores.

Quando o líder desfruta da credibilidade de seus seguidores, estes estarão dispostos a utilizarem um pouco mais de seu tempo, talento, energia, criatividade e apoio para a ação do líder.

A credibilidade é a base para líderes e liderados construírem seus sonhos de futuro. Além disso, estimula o comprometimento e a efetivação do processo sadio de liderança. Portanto, mãos à obra...

E) Poder de Comunicação

O líder sabe se comunicar com as pessoas. É persuasivo e se expressa plenamente. Sabe o que quer, por que quer e como transmitir aos outros. Com isso, consegue cooperação e apoio do seu grupo de trabalho, ou de seus funcionários. Acredite que:

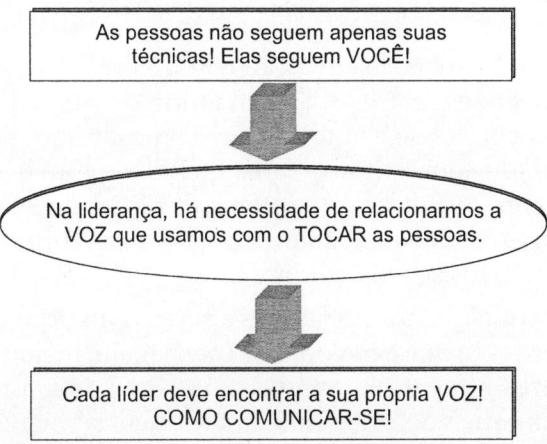

O domínio da comunicação exige esforço e estudo. Abrange as comunicações escrita, falada, eletrônica, gráfica, comportamental, musical, atitudinal, emocional, e qualquer outra forma de chegar perto do outro. A comunicação é responsável por como os outros irão entender o que você diz ou mostrar o que você quer.

Quais são os objetivos da comunicação? Veja na ilustração a seguir.

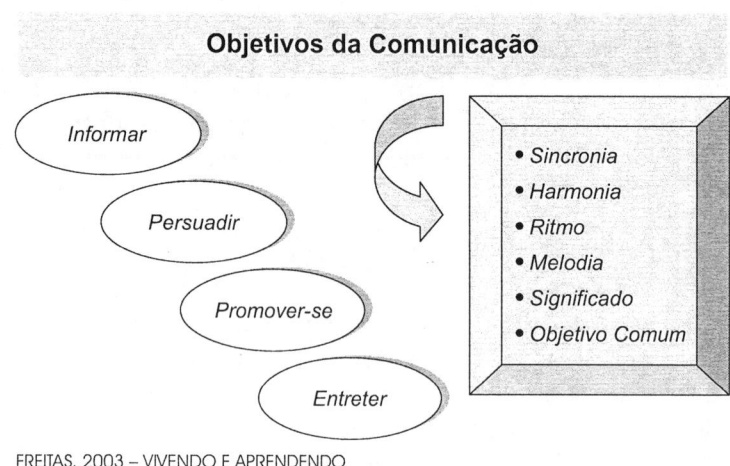

FREITAS, 2003 – VIVENDO E APRENDENDO

Pois é, os principais objetivos da comunicação são informar, persuadir, promover-se e entreter. Dependendo do que você deseja atingir, deverá preocupar-se, também, em como atingir seus objetivos, buscando cuidado com o ritmo, com a melodia e com o significado do que você está comunicando. A harmonia das informações e a sincronia com fatos e experiências serão fatores positivos na forma de persuasão para que os objetivos sejam comuns.

Então, em qualquer dos objetivos a serem atingidos em sua comunicação, não esqueça que a melodia da mensagem, melodia não no sentido musical, mas no sentido sonoro, com o ritmo de sua comunicação e a sincronia com que você transmite, irá influenciar significativamente na sua eficiência.

Mas, um princípio básico da comunicação não deve ser esquecido: seja simples, direto, sincero e delicado ao tratar com os outros.

Seja ainda mais cuidadoso quando estiver tratando com seus subordinados, porque nem sempre você entende a lógica do seu raciocínio. Nem sempre é a sua mesma lógica, porque seu raciocínio é influenciado por diversos fatores internos e externos a que você está ou esteve submetido, e esses fatores podem ser bastante diferentes dos deles.

A comunicação envolve sentimentos e ações entre líder e liderados, além de toda a sua rede de relacionamentos, podendo ser forte aliada na sua transformação em líder.

Portanto, analise o que sintetizamos para você na figura da próxima página.

Além de pensar em se comunicar com seus funcionários, pense em se fazer compreender, fazer com que entendam o que você quer realmente comunicar.

Olhar nos olhos é algo muito forte! Você pode se comunicar assim, sem sequer falar ou gesticular... Isso dependerá da cumplicidade, da confiança e da harmonia entre os interlocutores.

Comunicar-se faz parte dos nossos relacionamentos de forma intrínseca. Quanto mais afinidades temos entre líder e liderados, melhor será nosso processo de comunicação e, provavelmente, melhores também serão nossos resultados.

Com a comunicação, você constrói sentimentos que poderão apoiá-lo no seu processo de liderança, como cumplicidade, colaboração, afinidade e harmonia. Busque desenvolvê-los em seu relacionamento com seus colaboradores.

Além disso, repetir e repetir sempre é válido. É reforçando aquilo em que você acredita que poderá se comunicar bem.

Pergunte e espere que as pessoas respondam o que entenderam para você se certificar de que elas realmente entenderam. Principalmente se o que você estiver informado for algo novo. Mas sem exageros, certo!

4

Principais Aspectos que Influenciam a Liderança

A liderança é tão mutável e diferenciada que se desenvolve de diversas formas, até mesmo quando estamos estudando uma mesma pessoa na posição de líder, mas em momentos diferentes, ou em situações diferentes, ou, ainda, com pessoas diferentes.

Desta forma, a liderança não nos deixa defini-la com facilidade, pois não podemos afirmar, com plena certeza, que o líder de hoje será o líder de amanhã, exatamente por esse caráter mutável da liderança.

Mas, certamente, alguns aspectos a influenciam, tanto facilitando, como dificultando que se instale um bom processo de liderança. Não podemos afirmar que eles sejam os únicos que influenciam no processo de liderança, uma vez que, sendo um processo além de complexo, situacional, podem surgir novos aspectos específicos para situações também específicas. Mas iremos salientar os mais relevantes para você se transformar em líder.

As organizações nos envolvem nas mais variadas situações, antes mesmo de nascermos. E continuam nos seguindo por toda nossa vida, pessoal e profissional.

Assim, não podemos deixar de orientar você quanto à liderança requerida por uma organização, que assume formas distintas, dependendo do tipo, da localização, do contexto em que está inserida etc. Bridges (1996) diz que a liderança pode ser:

> – *formal*, responsável por integrar, prover e orquestrar as atividades dos vários grupos na organização;
> – *ad hoc*, exigida dentro de cada um destes grupos;
> – *de cada membro*, em cada equipe de projeto que incorpora a capacidade de autogerenciamento.

Grande parte das pessoas jamais chegará a ser um "cavalo de frente" em suas organizações: o número de cargos gerenciais é simplesmente muito limitado.

Portanto, achar que as habilidades de liderança e posição hierárquica são uma só coisa, por si só já causa frustração e descrença entre os funcionários comuns, desestimulando-os à participação e à plena dedicação.

Existem alguns princípios básicos para a construção do processo de liderança, como:

Princípios básicos da liderança

1. CONSTRUIR A CONFIANÇA
- ✓ Tratar todos com respeito, dignidade e confiança;
- ✓ Compartilhar informações/poder envolvendo todos;
- ✓ Usar os valores essenciais: justiça, integridade e responsabilidade.

2. INCENTIVAR A MUDANÇA
- ✓ Romper com os velhos métodos de organização;
- ✓ Estimular as pessoas;
- ✓ Dar novas atribuições às pessoas.

3. AVALIAR O IMPORTANTE
- ✓ Avaliar as práticas e razões do desempenho de cada um;
- ✓ Orientar e buscar a melhoria contínua, usando análise comparativa interna e externa e da participação.

Construir a confiança com a sua equipe, incutindo valores como justiça, integridade e responsabilidade por atos e resultados. Incentivar a mudança para melhor, rompendo paradigmas e velhos hábitos, avaliando o desempenho de cada membro da equipe, e buscando a melhoria contínua.

Esses princípios de ação, gerencial ou não, permitem que o processo de liderança se instale e possa desenvolver-se de forma saudável e interessante para os que dele participam.

O poder está inserido em todas as camadas das organizações, e isto pode torná-las mais ou menos flexíveis e enxutas. Helgesen (1996) defende que a mudança na distribuição do poder manifesta-se de modo claro, na crescente ênfase sobre o papel das equipes.

Então, não esqueça: **há liderança em todos os níveis, desde a base até a cúpula, em qualquer organização.**

Os líderes possuem um profundo conhecimento da empresa, e influenciam os que estão em sua volta a trabalharem de forma mais inovadora e decisiva.

A gerência ocidental sempre tem evocado muito mais a obediência do que o compromisso dos funcionários. Uma relação direta entre o poder e a obediência. E para haver uma mudança profunda, é preciso o compromisso dos participantes, iniciado pelo que está à frente do grupo.

Há nas organizações líderes diferentes, em diferentes níveis e situações. Estão vinculados ou não à hierarquia formal, mas constróem, de várias maneiras, um ambiente operacional propício ao aprendizado.

Para Leider (1996), a autoliderança é a essência da liderança. Ela se baseia no autoconhecimento e na busca de conselhos confiáveis. Os líderes devem recorrer constantemente aos seus objetivos pessoais, aos seus valores e à sua visão particular das coisas, para conquistarem vitórias.

Bennis (2001) é um dos grandes estudiosos da liderança, e alerta que o autocontrole é uma das principais capacidades indispensáveis para uma pessoa que deseje ser líder. **Gerenciar a si mesmo é uma exigência fundamental, conhecendo suas próprias capacidades e limitações.**

Bergamini (2002) defende a existência do líder transformacional, que tem como principal desafio levar os outros a liderarem a si mesmos, chegando a ponto de prescindirem do líder na maior parte do tempo.

A liderança transformacional é capaz de liberar energia interior de cada seguidor, facilitando que ele siga seu impulso natural de assumir o comando de muitas situações, aprendendo a liderar a si mesmo, assumindo responsabilidade por suas ações e sentindo-se recompensado pelo auto-esforço. E este tipo de vínculo é que promoverá o aparecimento de novos líderes.

Como vemos, a contingência na liderança pressupõe viabilizar um processo de trocas em duas direções, líder e liderados, interagindo e influenciando-se mutuamente.

Maslow (2000) nos diz que o líder deve ser capaz de dizer não, de tomar decisões, de ser forte o suficiente para travar batalhas, se for objetivamente necessário. Deve ser capaz de enfrentar situações difíceis, de demitir, de magoar as pessoas, de causar dor etc. Não deve ser regrado pelo medo e ser fraco.

Mas acreditamos que o autor não está se esquecendo de que tudo isso pode e deve ser feito, mas com o maior respeito e cuidado com as pessoas envolvidas. O que ele está salientando é que o líder está à frente da equipe, levando-a a tomar decisões em conjunto, e não se escondendo das decisões que devem ser tomadas.

No quadro a seguir, sintetizamos os aspectos que acreditamos sejam mais relevantes para que o processo de liderança se instale, não tendo a pretensão de que sejam os únicos. Mas, certamente, são importantes e poderão facilitar que você venha a se transformar em um líder na sua organização.

```
           Estrutura         Motivação         Estratégia
         Organizacional                      Organizacional
                    \         |         /
                     \        |        /
                        Liderança
                     /        |        \
                    /         |         \
         Comunicação e                   Liderados e
      Clima Organizacional                Seguidores
```

A) MOTIVAÇÃO

Segundo Kouzes & Posner (1990), Bergamini (1994), McClellan (1975), Minner (1982), House & Mitchell (1971), dentre outros, a motivação e a eficácia da liderança estão intimamente ligadas, quase como uma relação de causa e efeito.

Veja a próxima ilustração.

Afinal, o líder motiva os seguidores?

Motivação

Intrínseca
- De cada um;
- Interior;
- Carências;
- Expectativas;
- Escolhas pessoais.

Extrínseca
- Resultado de estímulos externos: recompensas, desafios;
- Influências ambientais.

Há pelo menos dois tipos diferentes de motivação: a intrínseca e a extrínseca. Não cabe ao líder motivar os subordinados, pois eles já chegam motivados no primeiro dia de trabalho. O líder pode influenciar o desempenho do subordinado com estimuladores externos. Mas a verdadeira motivação é algo que vem de dentro de nós mesmos, e quando queremos que ela venha.

A motivação intrínseca ou motivação de cada um se exprime a partir de nossas carências e expectativas, que irão conduzir à ação. Ação esta que é resultado de nossas escolhas pessoais. Nós vemos a motivação de uma pessoa a partir de sua ação e compartilhamento perante as diversas situações a que está exposta.

Já a motivação extrínseca é resultado dos estímulos ambientais a que somos submetidos, e o líder pode influenciá-la de forma efetiva. Mas se dá não apenas por recompensas físicas, mas também por desafios, abertura para participar de decisões e projetos, novos ambientes e tarefas, e muito mais. As próprias ações do líder podem ser grandes estimuladores do comportamento e desempenho de sua equipe.

Não entraremos em muitos detalhes teóricos sobre motivação, mas esteja certo de que você pode incentivar as pessoas a se motivarem. Elas mesmas é que decidirão se vão ou não se motivar. Cabe a você influenciá-las com seu exemplo em atitudes e ações.

O quadro anterior pode ter deixado você um pouco confuso. Então, qual seria o papel do líder se ele não motiva seus colaboradores?

O seu papel é estimular seus colaboradores com desafios profissionais e pessoais, envolvê-los nos seus sonhos e distribuir recompensas aos que agirem com vontade de realizar e atingir metas.

A motivação de cada um depende de diversos fatores e de como eles o atingem. Ou seja, suas necessidades e suas escolhas pessoais. Cabe a você tentar atingir as pessoas de forma a que elas se motivem!

Os verdadeiros líderes percebem, com maior clareza, que o mundo por si só não satisfaz, porque existe uma relação dinâmica entre a pessoa e seu ambiente, com significados diferentes para cada um.

O líder pode tomar determinadas ações que Lipman-Bluman (1999) defende como ações que o transformem em um líder conectivo. O líder conectivo é o que conseguirá desenvolver coalizões diversas e dinâmicas, sabendo lidar com as pessoas em equipe, e buscando realizar sonhos coletivos. Essas coalizões fortificarão vínculos pessoais na equipe, que ajudarão no interesse por participar do processo de ação e decisão.

Cabe ao líder reconhecer e valorizar múltiplas visões sobre fatos e atos, aceitando opiniões diferentes das suas para análise conjunta.

O grande diferencial da ação do líder conectivo é quando ele consegue formar seus colaboradores, seguidores ativos e criativos, que analisam as situações com suas visões pessoais, e, ao mesmo tempo, as interpretam em prol de todos. Veja o quadro a seguir.

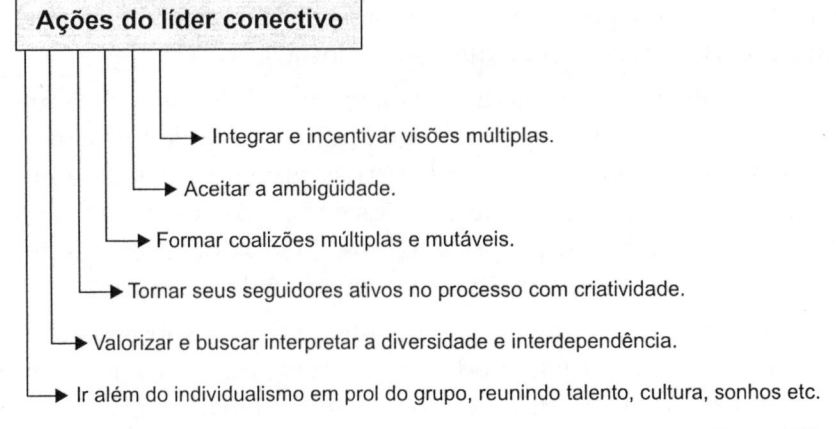

Ações do líder conectivo
- Integrar e incentivar visões múltiplas.
- Aceitar a ambigüidade.
- Formar coalizões múltiplas e mutáveis.
- Tornar seus seguidores ativos no processo com criatividade.
- Valorizar e buscar interpretar a diversidade e interdependência.
- Ir além do individualismo em prol do grupo, reunindo talento, cultura, sonhos etc.

Baseado em Lipman-Blunan, 1999

Sendo assim, o sentido que cada um dá ao ambiente que o cerca dependerá de suas carências, de suas necessidades e de suas expectativas interiores, além do momento em que elas ocorrem. Mas um "empurrãozinho" sempre é bem-vindo.

Apesar de sabermos que ninguém motiva ninguém, devemos reconhecer que podemos dar instrumentos para que as pessoas se motivem, e estímulos para que elas se desenvolvam e se motivem.

Na verdade, a busca pelo líder, por alguém que conduza o grupo à ação, é o que desejamos. E, para que possamos ser esta pessoa, precisamos não só entender algumas características de como o processo de liderança se efetiva, mas também buscarmos agir de forma que venhamos a nos tornar líderes.

As idéias de Lipman-Blumem acima destacadas são muito interessantes, pois nos mostram que, para conseguirmos nos transformar em líderes, ou melhorar nossas qualidades de líder, teremos que tomar atitudes e ações que devem ir além do nosso individualismo, reunindo esforços de aceitarmos que somos diferentes. Devemos buscar ter e entender essas visões diferentes, conseguindo reuni-las com outras pessoas que tenham algum talento, para realizarmos algo juntos.

B) ESTRUTURA DE PODER DA ORGANIZAÇÃO

É importante diferenciar os estudos que tratam do líder que possui um cargo de chefia daqueles que tratam do líder que emerge de sua ação junto ao grupo, também chamado de líder natural, ou simplesmente líder.

O líder pode conseguir uma posição formal que lhe confira poder hierárquico, mas sua posição de liderança normalmente é anterior a isso. Ele é quem detém o real poder na organização (Bergamini, 1994).

O processo de liderança virá como conseqüência do relacionamento entre líder e liderados. Sua eficácia está relacionada a uma "autorização" dada pelos liderados. Ou seja, os liderados, confiando no seu líder e tendo credibilidade na sua ação, permitem que ele os conduza.

É bom esclarecermos que o chefe, gerente, diretor, administrador, coordenador ou qualquer outro nome dado na sua organização a uma posição hierárquica formal de comando, pode vir a se tornar um líder do seu grupo de subordinados, e é exatamente isso que muitas organizações esperam dele.

O poder hierárquico, portanto, tem forte influência sobre a eficácia da liderança. Algumas pessoas se saem melhor em cargos administrativos, enquanto outras se mostram mais eficazes e confortáveis em cargos que requisitem sua competência pessoal como líderes. A empresa precisa de líderes e de administradores para funcionar perfeitamente.

Kotter (1997) acredita que a liderança é essencialmente um processo de criação de um sistema organizacional no qual são aproveitadas as condições de funcionamento internas e externas, buscando, juntamente com a administração central, resolver problemas.

A liderança, portanto, está associada à determinação da direção na qual a organização deve caminhar, com visão estratégica, capacidade de persuadir funcionários e demais elementos da organização a aceitarem novas idéias e implementá-las.

Acreditamos, sinceramente, que a pessoa em cargo de comando pode se capacitar para se tornar um líder do grupo, até mesmo porque, se não acreditássemos nisso, não estaríamos escrevendo este livro.

É uma questão de não querer ser apenas o chefe...

É uma questão de querer conduzir o seu grupo de funcionários vendo-os como reais colaboradores do processo, em todas as suas etapas.

Lembre-se:

Boas idéias surgem de qualquer cabeça, e não apenas da sua!

Lipman-Blumen (1999) defende que o líder é responsável por transmitir valores e crenças, buscando o maior comprometimento dos colaboradores. Para você melhor entender o que buscamos no nosso líder, veja o quadro que esquematizamos a seguir.

O líder tem que conectar o seu lado individual de desejos e de aspirações com seu lado social de proporcionar realizações e desejos também dos que o cercam. Precisa levar seus seguidores a acreditarem nos mesmos valores e crenças desejadas pela organização, comprometendo-os e ensinando-os para que ampliem seus horizontes de vida.

PRINCIPAIS ASPECTOS QUE INFLUENCIAM A LIDERANÇA

O papel do líder

Conectar

O individual + O social

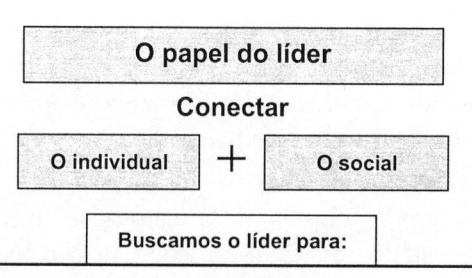

Buscamos o líder para:

– resolver nossos problemas nas organizações;
– trazer significados e coerência para nossas vidas;
– transmitir crença e valores, levando-nos a compromissos e comprometimentos;
– ensinar e ampliar nossos horizontes pessoais e profissionais.

A liderança conectiva e as questões físicas Lipman-Blunan, 1999

Sintetizamos, a seguir, as principais diferenças da ação entre uma chefia tradicional ou meramente formal e uma chefia em liderança.

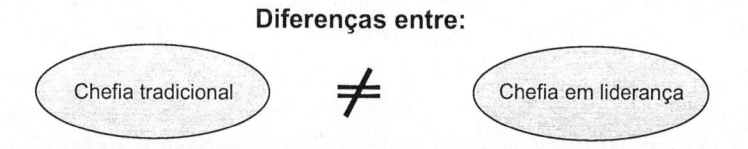

Diferenças entre:

Chefia tradicional ≠ Chefia em liderança

Chefia tradicional	Chefia em liderança
✓ Reage com base nas pressões ambientais;	✓ Reage com base na realidade interior;
✓ Mais habilidade técnica;	✓ Mais habilidades interpessoais;
✓ Busca subordinados iguais a ele;	✓ Não projetar as próprias necessidades aos subordinados;
✓ Poder é cultivado pela estrutura organizacional;	✓ Reais detentores do poder;
✓ Resistente a mudanças estruturais;	✓ Responsável por iniciar e gerenciar os ciclos de transformações organizacionais;
✓ Pratica pressão organizacional;	✓ Pratica o pensamento estratégico;
✓ Exige controle e cumprimento às normas;	✓ Exige participação e comprometimento.

Conforme sintetizamos acima, a chefia tradicional leva a uma gestão mais técnica, burocrática e respeitadora de uma hierarquia mais rígida.

Já uma chefia que busca estar em liderança tenderá a trabalhar, além do técnico e burocrático, as habilidades interpessoais, não exigindo dos subordinados e colaboradores comportamentos iguais ao seu, buscando gerenciar a mudança de forma mais transparente, e com participação dos liderados. A chefia em liderança se dedica muito mais aos seus colaboradores do que às estruturas de poder e sistemas organizacionais.

A busca é por se ter chefes e líderes que se complementem, com vínculos sociais e estruturais de interação e dependência mútua, complementando-se entre si.

Os líderes são voltados para o aprendizado e mudanças. Possuem três funções ou atividades básicas: explorar, alinhar e dar autonomia (*empowerment*). Estas são as funções de modelagem da liderança. Representam um paradigma que é diferente do tradicional pensamento gerencial. Existe, então, uma diferença muito significativa entre gerência e liderança; ambas são vitais, mas a liderança está voltada para fazer as coisas certas; e a gerência se preocupa em fazer certas as coisas (Covey, 1996).

Se você ainda não está em uma posição de liderança, tente, a partir de hoje, praticar mais habilidades interpessoais e de participação, que você conseguirá um melhor comprometimento de sua equipe e dos colegas.

Não devemos imaginar líderes e chefes como figuras opostas, pois ambos podem e devem unir-se em prol do melhor desempenho organizacional.

Se existe uma distinção clara entre os processos de gerência e de liderança, ela consiste em conseguir que os outros façam e desejem fazer (Kouzes & Posner, 1991). Ou seja, o líder consegue que os outros desejem desenvolver suas atividades porque acreditam na sua importância e eficiência.

Essa afirmativa é muito interessante, pois "*conseguir que os outros façam*", de qualquer forma, é uma vitória da chefia, já que alguns nem mesmo isto conseguem. Mas "*conseguir que os outros desejem fazer*", aí sim, é algo muito mais forte, pois não exigirá que você fique cobrando deles, certificando-se de que a ação será desempenhada, e sim que você coordene a ação, e, quando necessário, oriente para a melhor forma a ser feita.

Sintetizando esse pensamento, elaboramos a figura seguinte para você melhor entender os nossos argumentos.

Diferença entre as ações dos gerentes e líderes

```
        Gerentes    ≠    Líderes

    Conseguem que os      Conseguem que os
    outros façam          outros desejem fazer

                          Desafiando
                          Inspirando
                          Capacitando
                          Encorajando
```

As pessoas gostam de ser desafiadas a atingirem resultados que as inspiram e realizam. Cabe ao líder capacitá-las para isso, modelando sua ação e encorajando-as a tomarem as decisões nos momentos certos.

As diferenças na ação do gerente e do líder podem parecer sutis, mas, na verdade, a diferença é grande para quem está gerindo o processo. Quer ver? Vamos dar um exemplo prático pelo qual passamos:

Você está organizando um evento institucional em que terá que conciliar datas para as reuniões com executivos muito ocupados. Você tentou o dia inteiro contatar com um deles e não conseguiu, pois com o horário de verão o expediente em alguns estados começa e termina mais cedo que na sua cidade. Amanhã é o último dia para você fechar toda a agenda do evento e você está muito ansioso, com medo de não conseguir. Sua funcionária, sem que você tenha sequer solicitado, decide que chegará mais cedo no dia seguinte para tentar conseguir contatar o tal executivo. E mesmo sem lhe dizer nada, ela o faz e consegue confirmar com ele. Quando você chega e pede que ela inicie as ligações para esse executivo, ela lhe diz que como chegou um pouco mais cedo, tentou e conseguiu agendar com ele. Você fica muito feliz com a iniciativa de sua funcionária e agradece a ela por seu empenho.

Deu para perceber? A funcionária agiu com seu empenho em realizar a tarefa que estava difícil de ser concretizada. Ela desejou resolver o problema e agiu para isso.

É uma questão de você conseguir que seus funcionários passem a ser reais colaboradores, sentindo-se co-responsáveis pela sua ação e participando voluntariamente, porque você os inspirou e os encorajou a terem iniciativas, dando-lhes capacidade para tal.

É claro que isso é uma conquista diária...

Não será no seu primeiro dia de executivo, ou na primeira semana ou no primeiro mês, que você conseguirá isso. Mas não pode parar de tentar.

Poderemos, então, perguntar-nos: por que alguém é visto com um líder pelos outros?

Veja o esquema que criamos para você poder visualizar melhor essa resposta:

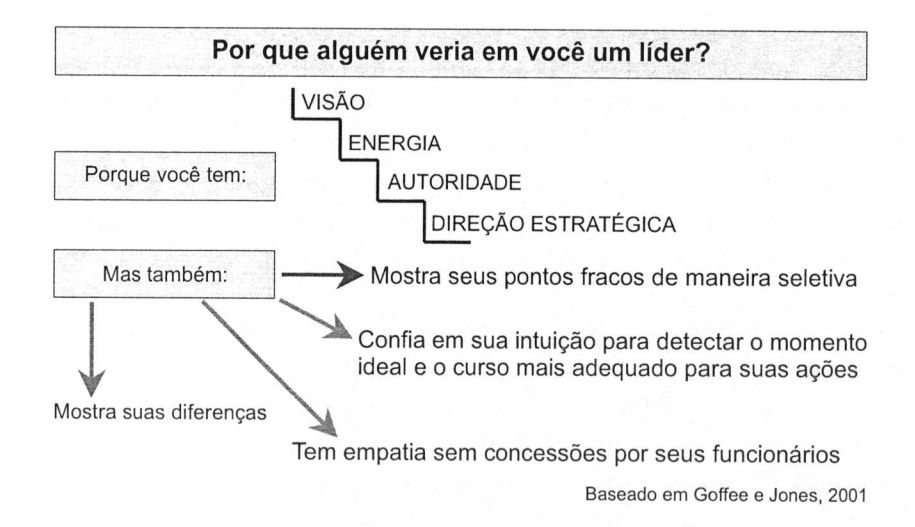

Por que alguém veria em você um líder?

Porque você tem:
- VISÃO
- ENERGIA
- AUTORIDADE
- DIREÇÃO ESTRATÉGICA

Mas também:
- Mostra suas diferenças
- Mostra seus pontos fracos de maneira seletiva
- Confia em sua intuição para detectar o momento ideal e o curso mais adequado para suas ações
- Tem empatia sem concessões por seus funcionários

Baseado em Goffee e Jones, 2001

Ser líder de um grupo é uma tarefa que se concretiza no seu dia-a-dia, por isso é que características pessoais e comportamentais são muito importantes nesse processo. Você precisa demonstrar que tem visão do que está ocorrendo e aonde quer chegar, junto com seu grupo. Precisa agir com energia, mostrando os pontos fracos de forma cuidadosa e seletiva. Assim, você conseguirá identificar o momento ideal e mais adequado para agir. Sua empatia com seus colaboradores é importante fator de desempenho.

Ser reconhecido como líder dependerá também da maneira pela qual você vai capacitando seus funcionários, deixando que eles tomem pequenas decisões, valorizando-os, parabenizando-os e fazendo com que eles se sintam bem em ter iniciativa, em serem reais colaboradores, usufruindo também os bons resultados.

Portanto, a estrutura de poder da organização pode facilitar ou não o surgimento de chefes que serão líderes de seu pessoal. Mas a sua ação gerencial também pode influenciar nesse processo.

C) OS LIDERADOS

Não há líder sem liderados, subordinados, funcionários ou colaboradores. O nome não importa. O que importa é que não há líder se não houver pessoas que o sigam, que o ouçam e o apóiem na sua ação gerencial.

As pessoas são líderes à medida que criam seguidores. A liderança é um vínculo emocional, às vezes até um compromisso apaixonado entre líder e seguidores.

A liderança difere de outros relacionamentos pelo fato de que os líderes geram esperança e convicção nos seguidores.

Os líderes são pessoas que os outros percebem como capazes de lhes proporcionar melhorias...

A liderança não é apenas intelectual ou cognitiva. Na opinião de Bardwick (1996), a liderança é emocional.

A liderança é uma troca de pensamentos, atos e convicções entre o líder e seus seguidores, intencionais ou não. Veja a ilustração abaixo:

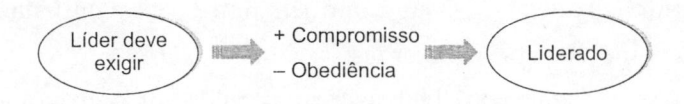

```
( Líder deve  )  ==>   + Compromisso   ==>   ( Liderado )
(   exigir    )        − Obediência
```

O líder deve conseguir mais compromisso e menos obediência de seus subordinados. É isso que deve ter em mente. Ter habilidade de engajá-los para se confrontarem com o inesperado, sinalizando a direção, dando apoio e diretrizes a serem seguidas.

A sensibilidade interpessoal do líder se apóia em como ele percebe e diagnostica os diferentes anseios e expectativas motivacionais dos seguidores, buscando satisfazer, principalmente, suas necessidades de auto-estima e auto-realização (Bergamini, 2002).

O líder precisa induzir os colaboradores a agirem rumo a um objetivo comum, através do seu poder legítimo, obtido pela identificação dos liderados com sua causa, pelo que representa ou pelo que sentem por ele.

O que chama muito a atenção nas relações entre líderes e seguidores é que se estabelece uma relação de dupla dependência e estímulo mútuo. O líder e seus liderados se sentem dependentes, chegando a formarem um forte vínculo, e se sentem como complementares em ações e resultados.

Então, **o líder não só influencia seus liderados, mas é influenciado por eles também.**

Não estamos querendo dizer que para você ser um líder de sua equipe tenha que ser bonzinho, mas sim exigir e dar oportunidades ao mesmo tempo. E fazer com que seus colaboradores também se sintam realizados e atinjam seus objetivos.

Cada pessoa tem um estilo de comportamento, que é reflexo de sua personalidade. A personalidade é formada por seu temperamento, ou seja, sua forma de reagir, e seu caráter, que vai sendo formado a partir de suas experiências de vida. Assim, o seu estilo comportamental pode ser considerado como a parte visível de tudo isso. Os seus desejos, atitudes e ações vão demonstrar suas crenças, seus valores e suas motivações.

Agir com entusiasmo é uma grande forma de "contaminar", no bom sentido, as outras pessoas a também agirem com entusiasmo.

Mas como você pode fazer isso?

Você pode fazê-lo de diversas formas: vibrando com o que faz, orgulhando-se do seu trabalho, comemorando suas vitórias, irradiando alegria e acreditando no que faz. É importante, também, demonstrar seu entusiasmo e se colocar aberto ao aprendizado. Aprendizado que é muito significativo, quando vem dos nossos próprios fracassos.

Lembre-se de que suas ações são exemplos para seus colaboradores. Portanto, busque seguir as idéias abaixo.

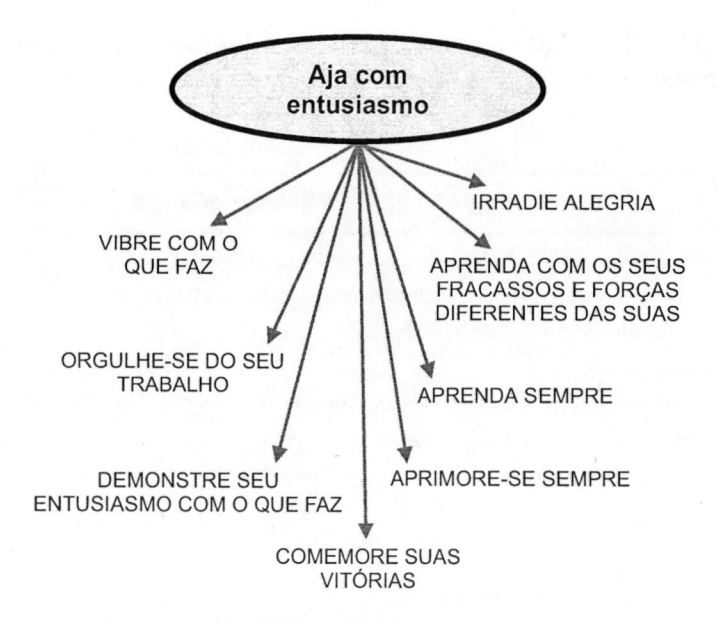

```
              ┌─────────────────┐
              │    Aja com      │
              │   entusiasmo    │
              └─────────────────┘
                      │
         ┌────────────┼────────────┐
         ▼            │            ▼
                                IRRADIE ALEGRIA
   VIBRE COM O
     QUE FAZ              APRENDA COM OS SEUS
                          FRACASSOS E FORÇAS
                          DIFERENTES DAS SUAS

  ORGULHE-SE DO SEU
      TRABALHO           APRENDA SEMPRE


    DEMONSTRE SEU        APRIMORE-SE SEMPRE
 ENTUSIASMO COM O QUE FAZ
              COMEMORE SUAS
                 VITÓRIAS
```

O bom funcionário não é apenas o obediente, mas, sobretudo, é comprometido com o trabalho, com o sucesso, e com toda a equipe, e, por conseguinte com a organização. Ele ajuda na gestão dando *feedback* para seu líder e apoiando-o nos momentos difíceis do processo decisório.

O bom funcionário não deve ser apenas receptor de mensagens e instruções, mas participante ativo do processo de construção e realização do trabalho. Em alguns momentos, ele também influencia o líder, sendo importante fonte de informações para enriquecimento do processo decisório.

Bennis (2001) lembra que o verdadeiro líder se conhece bem. Não está preocupado em apenas agradar, mas em ser ele próprio. As pessoas o seguem porque confiam nele, mesmo discordando em alguns pontos de vista. Acreditam nas suas convicções e têm orgulho em participar junto com ele.

Os resultados não são obtidos somente pela ação do líder. É muito fácil colocarmos toda a responsabilidade nele. Mas, na verdade, os liderados podem colaborar significativamente na obtenção desses resultados, e até na própria ação do líder.

Veja, na figura abaixo, como o colaborador ou o subordinado pode ajudar o seu líder.

> **O subordinado ajuda a gestão quando:**
>
> • quebra a barreira da comunicação sendo persuasivo;
> • busca entender as dificuldades do líder no processo decisório;
> • faz críticas construtivas e cautelosas;
> • expõe suas idéias;
> • toma as rédeas nas situações de crise, quando o líder não se encontra;
> • vai além do que as descrições do seu cargo exigem;
> • é capaz de se colocar na posição do chefe/líder.

Dependendo dos funcionários que você tenha, e do grau de motivação deles, poderá ter maior ou menor dificuldade em liderá-los...

Os líderes são respeitados quando conseguem envolver as pessoas, ouvir aquilo que elas têm para dizer, mesmo que as sugestões não sejam as melhores (Katcher, 2000). Influenciam diretamente no nível de auto-estima de cada um dos seus colaboradores.

Há locais em que nunca houve um líder comandando, e, assim, os funcionários ainda não aprenderam a se tornarem reais colaboradores do processo de gestão e você terá que ter paciência para ensiná-los.

Se um funcionário nunca teve a oportunidade de dar sugestões sobre as decisões a serem tomadas, mesmo quando essas decisões o envolviam, ele não está apto, ou deixou de tentar pensar em soluções ideais, em usar sua criatividade, porque foi tolhido pelo seu gestor.

As pessoas tendem a se moldar às situações a que são submetidas, pois é muito difícil ficar sempre tentando mudar e inovar se não temos apoio da nossa gerência.

Só mesmo os mais destemidos ou os mais decididos insistem na mudança, por ainda não terem perdido as esperanças.

Esse tipo de funcionário é parte dos que o gerente tradicional não tolera, pois os acha de difícil relacionamento. Mas, na verdade, esses é que podem ajudar a que novas alternativas surjam, até que a gerência perceba a importância da participação efetiva dos membros.

Ulrick (2004) aconselha os líderes a identificarem os colaboradores com mais capacidade de desempenho pelo sistema que ele definiu como VOI^2C^2E.

Veja o esquema a seguir.

APRENDA A LIDAR COM OS COLABORADORES COM MAIS CAPACIDADE DE DESEMPENHO, USANDO:

VISÃO	FAZER SENTIDO PARA O SEU TRABALHO
IMPACTO	PROMOVER VISUALIZAÇÃO PARA AS PESSOAS
INCENTIVOS	USAR DIVERSOS COMO: AUTONOMIA, OPORTUNIDADES DE TREINAMENTO, E NÃO SÓ DINHEIRO
COMUNICAÇÃO	DIVULGAR O QUE ESTÁ ACONTECENDO
COMUNIDADE	TRANSMITIR QUE ELES SÃO PARTE DA EQUIPE
EMPREENDEDORISMO	DÊ OPORTUNIDADE PARA ELES CONTROLAREM O QUE E COMO SERÁ FEITO SEU TRABALHO

VOI^2C^2E

BASEADO EM ULRICK, 2004

Os funcionários destemidos podem facilitar a inserção de novas visões e opções, que muitas vezes o gestor, por estar envolvido com tantos outros problemas, não as apercebe.

Muitos funcionários tidos como "difíceis" são, na verdade, potenciais líderes que você tem em sua organização e que gerentes ou chefes, sem entender o potencial que eles têm, ou até mesmo querendo anular esse potencial, tentam aniquilá-los ou os isolá-los, para que eles não tenham "influência" sobre os outros.

Agindo assim, perdem todos: a organização, o gestor, o departamento e os demais funcionários, sem contar que também os clientes podem ser diretamente afetados.

Se você tem pessoas com vontade de participar, de opinar e mexer com seu ponto de vista, não se esqueça: aproveite a oportunidade de entender algo diferente da sua forma cotidiana de ver as coisas. Na verdade, é você quem está tendo uma oportunidade de melhorar sua ação gerencial.

Pense nisso...

> *Em vez de tentar anular opiniões e idéias diferentes da sua, tente entendê-las... com a cabeça aberta para novas visões, pois, sem isso, nada de novo poderá acontecer.*

O que os funcionários esperam de um líder é que ele deverá nortear sua ação gerencial. Esperam que você os conduza, com sua visão de mundo, buscando integrá-los a essa visão, com otimismo e resultados previamente traçados.

Cole (1999) defende que o líder está sempre se preocupando em manter a motivação do grupo, exigindo do líder o que ele chamou de "habilidades *soft*", ou seja, saiba trabalhar bem suas habilidades interpessoais. Para isso, o líder precisa cultivar cinco tipos de habilidades, conforme o quadro abaixo.

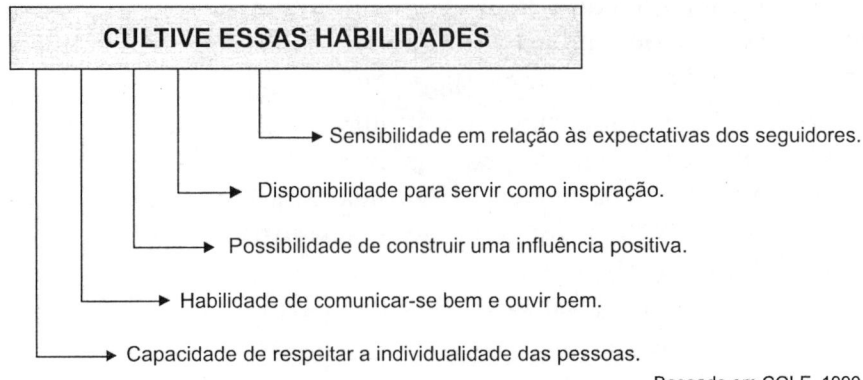

CULTIVE ESSAS HABILIDADES

- Sensibilidade em relação às expectativas dos seguidores.
- Disponibilidade para servir como inspiração.
- Possibilidade de construir uma influência positiva.
- Habilidade de comunicar-se bem e ouvir bem.
- Capacidade de respeitar a individualidade das pessoas.

Baseado em COLE, 1999

PRINCIPAIS ASPECTOS QUE INFLUENCIAM A LIDERANÇA 41

Essas habilidades são também citadas por diversos outros autores. O que reforça a importância de o líder ter sensibilidade interpessoal, ou seja, buscar saber a expectativa de seus colaboradores, com objetivo de ajudá-los a atingi-las. O líder precisa construir uma relação onde possa transmitir sua opinião de forma transparente, mas também onde possa ouvir o que seus colaboradores desejam, respeitando as diferenças.

Se o próprio gestor não acreditar no que quer que seus funcionários façam, como pretende que eles acreditem?

Se só pensa no lado negativo, como quer que seus funcionários vejam o lado positivo?

Sua postura perante o que quer fazer ou atingir irá influenciar diretamente o comportamento dos seus funcionários, seu interesse e envolvimento. Você é quem os conduz, portanto seu entusiasmo irá refletir neles e contaminá-los. Assim, vocês chegarão juntos ao que estão desejando.

Bergamini (2002) defende a liderança transformacional, que é capaz de liderar a energia interior de cada liderado, facilitando como cada um assume o comando de muitas situações enfrentadas no ambiente de trabalho. Assim, o líder consegue levar seus liderados a aprenderem a liderarem a si mesmos, sentindo-se recompensados pelo auto-reforço.

Redesenhar pensamentos e ações constantemente torna-se fundamental para o líder no seu relacionamento interpessoal. Ele precisa transformar o controle em confiança, a competição em cooperação.

Ao invés do conflito precisa incentivar a negociação, reduzindo a rotina e transformando-a em criatividade. Dessa maneira, será possível amenizar problemas recorrentes, buscando seu aspecto oposto.

O líder precisa agir para modificar as situações adversas em facilitadoras.

Onde existir:

– conflito	→ pratique a cooperação
– confronto	→ pratique a negociação
– resistência	→ pratique a aceitação
– rotina	→ pratique a criatividade
– marasmo	→ pratique o dinamismo
– ganância	→ pratique a caridade

– controle	→ pratique a confiança
– cobrança	→ pratique a flexibilidade
– medo	→ pratique a esperança
– ressentimento	→ pratique o perdão
– competição	→ pratique o compartilhamento

O ideal seria o líder conseguir efetivar uma parceria com seus liderados. Uma parceria resultante de relações transparentes, e compromisso mútuo, assumido a partir dos valores envolvidos. Para que haja esta parceria, é preciso haver, também, uma avaliação pessoal do comportamento do líder e dos liderados em relação a suas reações emocionais, suas crenças e seus valores, e, sobretudo, buscar pessoas que tenham crenças e valores alinhados ou estejam dispostas a cooperar e a compartilhar.

D) Estratégia Organizacional

Para manter a alta competitividade, as empresas precisam prever novas tecnologias, ações da concorrência e mudanças nas necessidades dos clientes. O crescimento organizacional está ligado a dois conceitos básicos: previsão e adaptação.

Na avaliação estratégica, as empresas precisam analisar seu ambiente de negócios, suas estratégias, suas capacidades operacionais etc., na tentativa de entender o rumo dos mercados, e ter condições de atendê-lo bem, e a tempo.

A qualidade de uma organização não está em sua estrutura organizacional, mas, sim, no conjunto de talentos que a compõem. A organização tem habilidades que a ajudam a atuar e vencer, e devem estar relacionadas, antes de tudo, com a estratégia organizacional. Estas habilidades são: liderança, cultura organizacional partilhada, capacidade de atuar sem fronteiras, aprendizado e disseminação de conhecimentos, e responsabilidade para cumprir prazos em velocidade (Ulrich, 2004).

A gerência e a alta administração são responsáveis por definir as estratégias organizacionais. Ou seja, responder as perguntas clássicas: o quê, onde, quando e como pretendem chegar para conseguir os objetivos. Desta forma, se os gerentes não são líderes de seus subordinados, nem sempre conseguirão perceber as suas reais necessidades para poderem incutir um bom relacionamento e clima organizacional que favoreça a criatividade, a colaboração e melhores resultados.

A liderança é a força incentivadora e direcionadora que torna possível o desenvolvimento organizacional. Ela é responsável por iniciar, dar prosseguimento ou interromper o ciclo de transformações em constante movimento. Só os líderes possuem a real autoridade para agir, reformular a organização, estruturar incentivos e condições para a implantação e manutenção de qualquer plano estratégico (Frank; Porter & Gertz, 1999).

As empresas precisam de líderes que impulsionem o processo de mudança organizacional, acreditando que a mudança é saudável e necessária, e que tenham interesse no risco para alcançá-la.

As grandes decisões estratégicas, formuladas pelos executivos do topo, só poderão ser integralmente implementadas com sucesso se eles desenvolverem competência interpessoal para a liderança efetiva, com comunicação, negociação e participação em equipe (Mintzberg, 1987).

Em qualquer processo de mudança estratégica, a liderança é um fator crítico, e é preciso um forte envolvimento pessoal. Para gerenciar a mudança, o líder precisa de uma aplicação crescente e contínua do desenvolvimento de habilidades e conhecimento em toda a organização. A cada dia, as organizações passam a ser locais de trabalho mais exigentes. Os líderes e trabalhadores, além de trabalharem, terão que gerenciar seu próprio processo de aprendizagem e busca por eficiência (Galbraith, 1995).

Um bom líder preocupa-se com o futuro da empresa e contrata gente capaz de supri-lo.

A missão do líder é formular, explicitar e colocar em prática a missão da empresa; exige participação e comprometimento de toda a organização (Mon, 2001).

As organizações estão buscando profissionais mais ágeis e dinâmicos, que tenham a capacidade de trabalhar junto com outros grupos de profissionais, até mesmo de outras áreas, para conseguirem resultados rapidamente.

Muitas organizações acreditam, no entanto, que apenas os profissionais jovens têm esse perfil, o que não tem nada a ver, diretamente, com a idade cronológica, e sim, com a idade mental e a capacidade de atualização.

Portanto, reflita: até que ponto você se enquadra como um funcionário que atende a essas demandas organizacionais?

Se não estiver muito enquadrado nesse perfil, busque se atualizar e modificar suas atitudes. Veja na ilustração abaixo como você deve ser.

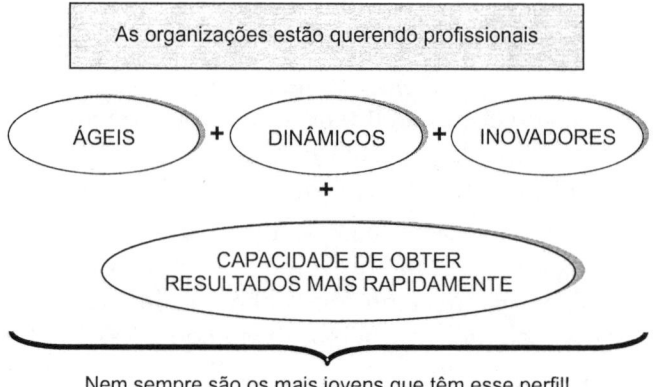

```
        As organizações estão querendo profissionais

    ( ÁGEIS ) + ( DINÂMICOS ) + ( INOVADORES )
                      +
          ( CAPACIDADE DE OBTER
            RESULTADOS MAIS RAPIDAMENTE )

       Nem sempre são os mais jovens que têm esse perfil!
```

Nesse raciocínio, a escolha dos executivos de uma organização é uma escolha estratégica, que deve seguir certos princípios para que seja adequada ao seu ambiente, contribuindo com um clima favorável ao sucesso.

Ilustramos o que Bennis (2001) define como critérios básicos para a escolha de executivos de alto nível. É como um quebra-cabeça que deve encaixar-se perfeitamente para que os funcionários sejam atraídos e persuadidos a agirem, tornando os sonhos visíveis e levando as pessoas a aderirem a eles, inspirando confiança e permitindo um autogerenciamento crescente pela equipe.

Se você acabou de ser indicado para ocupar um cargo de chefia, esteja certo de que precisará conquistar seus funcionários, caso queira se transformar em líder e não apenas ser chefe.

A competência técnica é necessária para o gestor, mas ter uma personalidade aberta ao novo, saber gerenciar situações conflituosas e bus-

Como escolher um executivo?

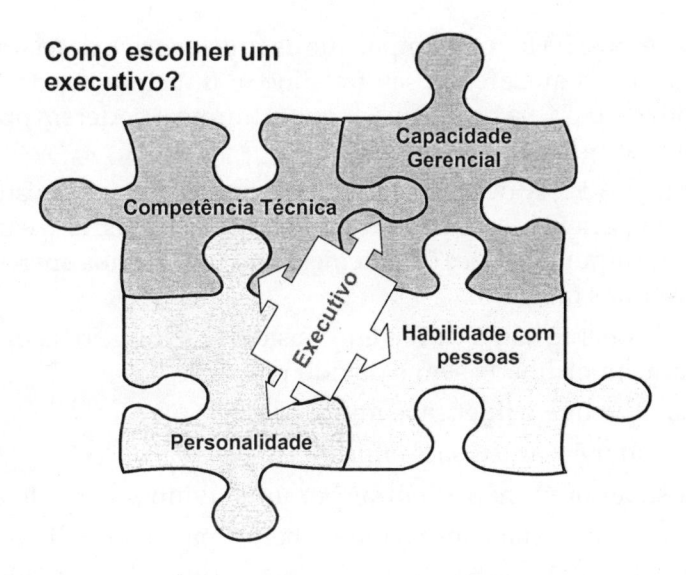

- Competência Técnica
- Capacidade Gerencial
- Habilidade com pessoas
- Personalidade
- Executivo

car compreender as diferenças pessoais são competências necessárias ao gestor que quer ser líder de sua equipe.

Já afirmamos que a liderança é uma conquista. Exige esforço, dedicação, compreensão e postura perante seus funcionários em todas as suas decisões.

Não é porque você "ganhou o cargo de chefe" que automaticamente ganhou o passaporte para ser líder. Para conseguir ser um líder, terá que lutar para isso, com suas convicções, esperanças e vontade de vencer, juntamente com sua equipe de trabalho.

Lembre-se novamente das diferenças entre uma chefia tradicional e uma chefia em liderança, que ilustramos para você algumas páginas atrás, e busque praticá-la nas suas ações e decisões perante seus colaboradores.

Algumas organizações estão esquecendo que, para atingir seus objetivos estratégicos, precisarão do empenho de todos, não só da gerência. Precisam do comando e também das "mãos e cabeças" dos funcionários, buscando atingir as metas estabelecidas.

E quando eles tiverem participado da definição das metas, muito mais facilmente as atingirão, por saberem exatamente o que têm que fazer para chegar lá.

Já sabemos, há algum tempo, que os funcionários desejam participar das decisões que afetam seu trabalho. É uma questão de você dar oportunidade para eles também se concentrarem e poderem opinar nas opções que surgirem.

Esqueça a idéia de que somente porque você tem mais conhecimento ou experiência, que só você pode ter boas idéias. Isso é um grande erro, que algumas vezes cometemos, sem mesmo nos apercebermos do que estamos fazendo.

Simplesmente não levamos em consideração uma idéia porque ela veio de um subordinado sem o devido preparo.

Uma lição que o líder sabe muito bem:

Saber ouvir é uma das suas principais responsabilidades!

Mas saber ouvir não é "entrar por um ouvido e sair pelo outro".

Saber ouvir é estar com a mente "aberta" para idéias diferentes das suas, buscar entendê-las e, somente depois de realmente analisá-las, adotá-las ou descartá-las.

Se você está no comando de uma unidade ou de um grupo de trabalho, o ato de saber ouvir é mais necessário ainda, pois seus colaboradores precisam externar o que sentem, e, em muitos momentos, você será solicitado a dar atenção a problemas diversos e pessoais. Nessas horas, o líder sempre deve estar disponível para seus colaboradores.

E você, como se enquadra: um bom ou mau ouvinte?

Veja nossa ilustração abaixo, e reflita sobre como você age na maioria das vezes...

O ato de ouvir	
MAUS OUVINTES	**BONS OUVINTES**
Interrompem;	São pacientes;
São desatentos;	Põem os outros à vontade;
Usam linguagem corporal negativa;	Dão breves sinais de estímulo;
Distraem-se com facilidade;	Apresentam empatia;
Concordam discordando;	Detêm-se ouvindo;
São impacientes e ansiosos;	Mostram-se atentos;
São desligados;	Fazem perguntas abertas e prestam atenção às respostas;
Dominam a conversação;	Não interrompem;
Falam demais;	Respeitam o tempo de fala dos outros;
São muito críticos.	Emitem poucos juízos.

O líder influencia seu grupo de liderados, e ele mesmo precisa se preocupar em ser um bom ouvinte, pois, algumas vezes, a estrutura de poder se inverte e as pessoas podem emanar algum tipo de influência no sentido ascendente.

O colaborador pode ser visto como uma das mais ricas fontes de informações para o líder, e, por isso, ele precisa ter oportunidade de falar e expor suas idéias e preocupações.

Na verdade, temos que estar sempre atentos para que, na definição de estratégias organizacionais, os dirigentes ouçam seus colaboradores, sejam outros gestores de níveis intermediários ou não, fazendo uma verdadeira seqüência de passos que possibilitem a participação dos diversos níveis hierárquicos da organização.

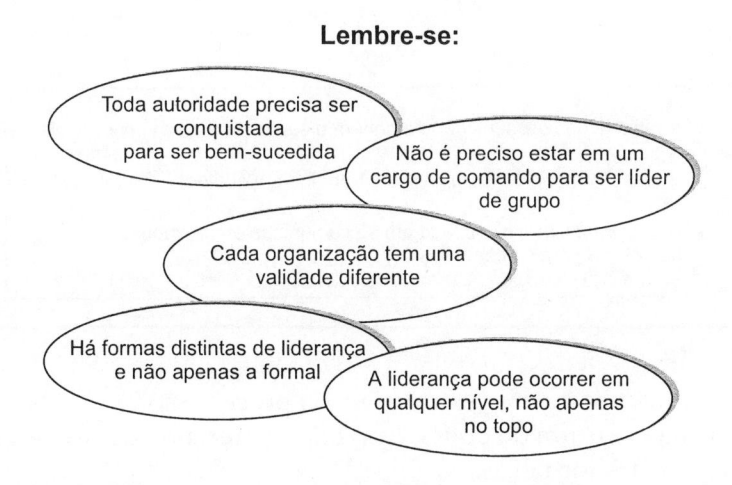

Lembre-se:

- Toda autoridade precisa ser conquistada para ser bem-sucedida
- Não é preciso estar em um cargo de comando para ser líder de grupo
- Cada organização tem uma validade diferente
- Há formas distintas de liderança e não apenas a formal
- A liderança pode ocorrer em qualquer nível, não apenas no topo

E) COMUNICAÇÃO ORGANIZACIONAL

Os líderes sempre estão incessantemente se comunicando, influenciando, estimulando, criticando e ouvindo seus liderados.

Têm perspicácia e consciência de que a comunicação é um processo bilateral, no qual os líderes ouvem, esperam por *feedback* e novas idéias, além de serem guiados pela necessidade de estimular e influenciar, não apenas de comandar e controlar as atividades organizacionais.

Primam pela clareza e simplicidade, e sabem utilizar os mais variados meios de comunicação organizacional, baseados na sua comunicação pessoal.

Espalham sua visão aos "sete ventos" para que seus funcionários a absorvam de forma integral, proporcionando sua efetiva realização.

Mas a comunicação organizacional é mais complexa do que a comunicação pessoal. Veja o que ilustramos abaixo para você:

A comunicação é o calcanhar de Aquiles de muitas empresas

⬇

➢ A maioria das pessoas não percebem o seu valor e a sua importância;

➢ Saber se comunicar bem facilita o trabalho em equipe;

➢ Deve-se buscar a habilidade em se comunicar, e não apenas a tecnologia para se comunicar.

A organização precisa estruturar seu processo comunicacional baseado na sua estrutura de poder, mas não esquecendo que a comunicação não é apenas formal.

Os meios mais usuais de comunicação organizacional estão modernizando-se a cada dia, indo desde a simples CI – comunicação interna –, ao ofício, carta, jornais interno e externo, intranet, o malote que leva e traz as informações e materiais a serem divulgados, quadros de aviso, e tantos outros.

Aprender noções básicas de arquivo e controle de documentos é importante para quem quer gerenciar uma unidade organizacional. É preciso ter a história e decisões tomadas, devidamente arquivadas e divulgadas entre os colaboradores. Ter cuidado com as normas básicas de redação e expressão também facilita o processo de transmissão de informações precisas e transparentes.

É importante salientarmos que, tanto em nível da organização, como em nível pessoal, devemos preocupar-nos em passar a mensagem de forma clara e objetiva, acessível a todos que desejamos informar, e no tempo devido.

Muitos são os ruídos e falhas de comunicação que ocorrem em qualquer nível, portanto devemos prevenir-nos para que possamos tentar evitá-los antes mesmo que ocorram.

O líder precisa ter conhecimento de quanto é importante manter seus colaboradores e parceiros informados de suas decisões e intenções, para evitar comentários desnecessários, dúvidas e muitas outras formas de incerteza que irão minar o processo de comunicação, além de muito facilmente atrapalhar a ação gerencial e os resultados obtidos.

F) CLIMA ORGANIZACIONAL

O líder é absolutamente responsável pela atmosfera em que os outros trabalham, ou clima organizacional, como é mais conhecido.

Se a produtividade e o moral forem baixos, é porque o líder não está agindo adequadamente. No entanto, a idéia de que uma única pessoa é capaz de controlar uma empresa é puro mito (Arnold & Plas, 1996).

Há espaço para liderar em qualquer grupo ou nível organizacional. O primeiro passo é sentir-se à vontade com a idéia de uma liderança compartilhada. Não é você o único a decidir sobre tudo. Você não é o único certo. Você não é o melhor em tudo. Isto sempre deve estar em nossas mentes para podermos compartilhar idéias e ações.

Essas afirmativas parecem jargões sem muito conteúdo, mas são tão sérias que irão determinar grande parte do que você conseguirá alcançar em termos de desempenho como líder.

Os altos executivos estão na empresa por dois motivos apenas:

- para fazerem as coisas acontecer e
- para criarem e manterem um clima em que os outros possam ter sucesso pessoal e profissional.

A liderança deve estar voltada para as pessoas, procurando ajudá-las a serem verdadeiras no trabalho.

Os funcionários estão, a cada dia, qualificando-se com competências e habilidades diversas. Isto lhes traz conhecimento e segurança para escolherem bons locais para trabalharem e onde se sintam bem.

As organizações estão com problemas em reter seus talentos porque nem sempre conseguem satisfazê-los, e, quanto mais capacitados eles forem, verifica-se uma redução de sua fidelidade. Veja o que Jebali (2002) afirma:

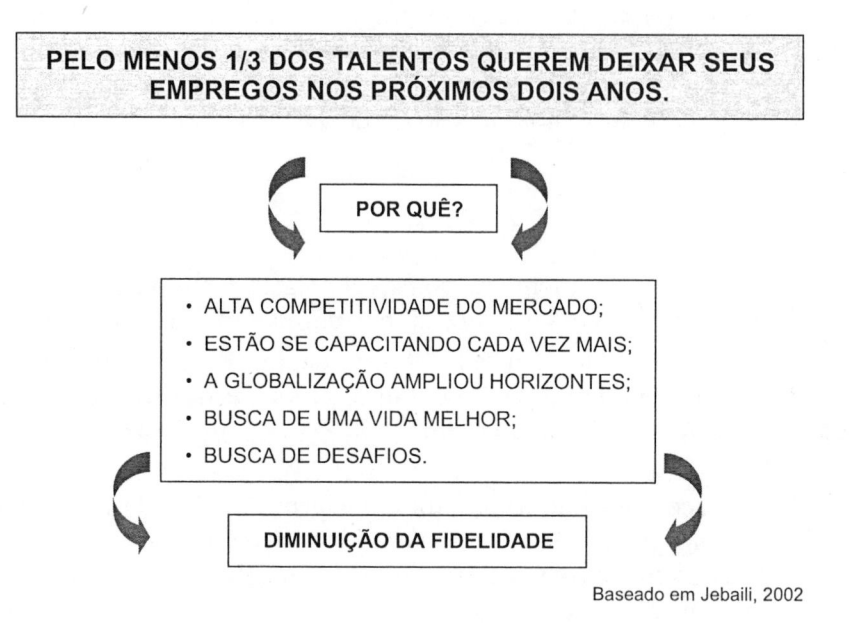

PELO MENOS 1/3 DOS TALENTOS QUEREM DEIXAR SEUS EMPREGOS NOS PRÓXIMOS DOIS ANOS.

POR QUÊ?

- ALTA COMPETITIVIDADE DO MERCADO;
- ESTÃO SE CAPACITANDO CADA VEZ MAIS;
- A GLOBALIZAÇÃO AMPLIOU HORIZONTES;
- BUSCA DE UMA VIDA MELHOR;
- BUSCA DE DESAFIOS.

DIMINUIÇÃO DA FIDELIDADE

Baseado em Jebaili, 2002

Além disso, há uma grande inquietação nos talentos que os deixam insatisfeitos, principalmente quando o clima organizacional é autoritário, fechado, com poucas oportunidades de desafio e reconhecimento. Há grandes fontes de insatisfação no trabalho, tais como as representadas no quadro a seguir.

Se você é uma pessoa autoritária e que não gosta de ouvir a opinião dos outros quando não concordam com você, é bem provável que terá mais dificuldade em se tornar um líder de seu pessoal.

Esse estilo gerencial autoritário, sem clareza nas suas decisões e objetivos, leva a um clima de desmotivação do seu pessoal.

PRINCIPAIS ASPECTOS QUE INFLUENCIAM A LIDERANÇA 51

Fontes de insatisfação de talentos
- Cultura reativa e Decisões Políticas.
- Estilo Gerencial Autoritário.
- Falta de clareza nos objetivos.
- Falta de ética e mau humor.
- Falta de desafios e perspectivas.
- Falta de reconhecimento e liberdade tolhida.

Baseado na Pesquisa: Tay Group do Brasil e Siemens, 2002

Nós precisamos nos sentir bem onde trabalhamos, e precisamos ser reconhecidos pelo nosso trabalho bem feito para termos vontade efetiva de desempenharmos bem nossas atividades.

O líder é quem nos deve estabelecer desafios e nos proporcionar liberdade de ação para que nos motivemos e tenhamos perspectivas de sucesso.

A falta de ética no trabalho é grande fonte de insatisfação dos colaboradores talentosos. O talento exige desafios e perspectivas da organização para ter liberdade de ação e realização dos seus objetivos.

Os diretores e gerentes de grandes empresas no Brasil foram pesquisados em 2002 e questionados sobre: quais os principais aspectos que eles acreditam capazes de reter talentos numa empresa? Veja o quadro abaixo que sintetizamos para você.

É muito interessante analisarmos esses dados da pesquisa. Veja que os dois aspectos mais respondidos estão relacionados com autonomia de ação e decisões, com desafios. Isso está diretamente relacionado ao nosso trabalho, nossas atividades, como elas são passadas para nós.

E quem é o grande responsável por isso?

O grande responsável é o líder da equipe de trabalho.

O terceiro aspecto mais respondido pelos dirigentes foi a ética da empresa, seguida da qualidade dos dirigentes. As pessoas querem desenvolver suas atividades em um local que, além de se sentirem bem, tenham possibilidade de crescer e decidir também. Somente a partir do

O que retém talentos numa empresa?

(numa pesquisa da Transearch – 2002 – publicada na FORBES Brasil, ouviu 7.060 executivos – 36% diretores e 45% gerentes)

1) Autonomia + Liberdade
2) Importância + desafio das missões
3) Ética na empresa
4) Qualidade dos direitos
5) Perspectivas de evolução na carreira
6) Ambiente e relações
7) Remuneração

Baseado em Souza, 2003

sétimo lugar é que os fatores físicos, como salários e benefícios, foram relacionados.

Que conclusões podemos tirar dessa pesquisa?

Muitas, mas dentre elas destacamos, mais uma vez, como é importante proporcionarmos um ambiente favorável ao autodesenvolvimento dos participantes. É desafiante e ético.

Quando as organizações não conseguem enxergar essas aspirações de seu pessoal, ela perde talentos. Se não os perde para outras organizações, perde seu entusiasmo em participar e desenvolver novos projetos. O mesmo podendo ocorrer com os gestores que não conseguem oferecer essas condições para seu pessoal.

O líder precisa agir para fazer sua equipe agir. Ele tem que criar um clima positivo para a criatividade, e, para isso, precisa dar autonomia para a ação, pelo menos no que diz respeito diretamente a seu pessoal.

Podemos associar essas ações do líder junto a seus colaboradores como um empreendedor de talentos. Ele precisa nos mostrar seu entusiasmo, mas não apenas mostrar. Ele precisa nos contaminar com seu entusiasmo!

Lendo Souza (2003), vimos a expressão "Empreender Sonhos", quando ele fala que precisamos sonhar para vencer. Mas para vencermos precisamos mais que apenas sonhar, precisamos realizar nossos sonhos. Veja a ilustração a seguir:

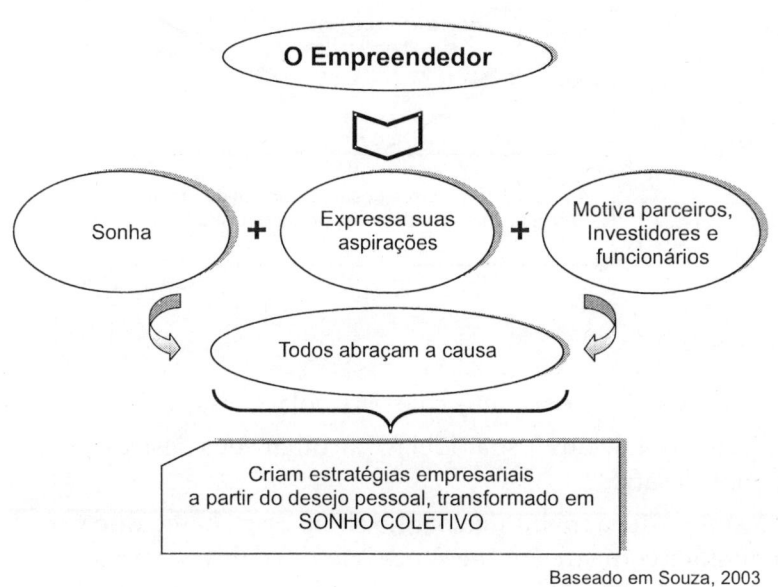

```
                    ┌─────────────────┐
                    │  O Empreendedor │
                    └─────────────────┘
                             │
        ┌──────┐      ┌─────────────┐      ┌──────────────────┐
        │Sonha │  +   │Expressa suas│  +   │Motiva parceiros, │
        │      │      │ aspirações  │      │ Investidores e   │
        └──────┘      └─────────────┘      │  funcionários    │
                                           └──────────────────┘
                     ┌────────────────────┐
                     │Todos abraçam a causa│
                     └────────────────────┘
                              │
         ┌──────────────────────────────────────┐
         │   Criam estratégias empresariais     │
         │ a partir do desejo pessoal, transformado em │
         │          SONHO COLETIVO              │
         └──────────────────────────────────────┘
```

Baseado em Souza, 2003

O empreendedor, no caso, pode ser visto como o líder, pois ele precisa expressar suas aspirações para seus colaboradores e fazer com que eles abracem sua causa, transformando seu sonho ou objetivo em sonho coletivo.

Precisaremos muito mais desses ensinamentos!

Souza (2003) salienta, também, que somos os grandes responsáveis por nossa carreira, e que as respostas aos desafios que nos são apresentados dependem, basicamente, de nossas posturas perante eles, e não do que a organização nos oferece em termos de tecnologia e equipamentos. Veja a ilustração seguinte:

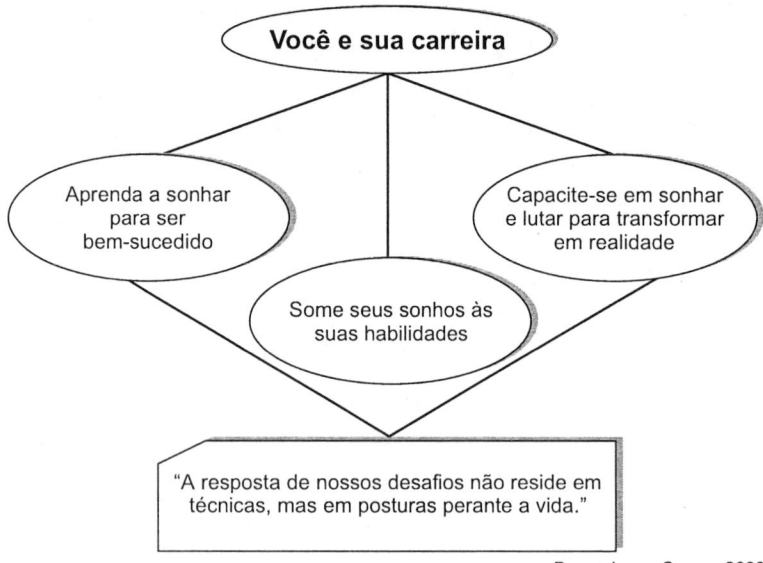

```
          Você e sua carreira
         /         |          \
Aprenda a sonhar        Capacite-se em sonhar
    para ser            e lutar para transformar
 bem-sucedido                em realidade
         \    Some seus sonhos às    /
              suas habilidades
```

"A resposta de nossos desafios não reside em técnicas, mas em posturas perante a vida."

Baseado em Souza, 2003

Como você age com seus colegas e colaboradores?

Você gosta de ouvir suas idéias, partilhar seus desejos e tentar proporcionar desafios?

A sua postura irá influenciar no clima de trabalho que você conseguirá manter com sua equipe. Você não deve ficar "com a cabeça e os pés nas nuvens", pois ficará apenas sonhando e não realizará o necessário para obter resultados, nem pode ficar "com cabeça e pés no chão", porque assim você fica estático e não avança como poderia.

Como você se enquadraria na pergunta abaixo?

Imagine que seu líder é uma pessoa paralisada. Seria bom trabalhar com ele?

Um gestor que apenas se dedica ao trabalho do hoje, ou seja, não tem aspirações nem visão estratégica, e não aceita as dos outros, tem muito mais dificuldades em conseguir bons e duradouros resultados.

O gestor que deseja ser líder de seu pessoal precisa envolver-se tanto com o trabalho, quanto com os seus funcionários.

As pressões do dia lhe deixam paralisado?

As críticas e o medo de errar inibem sua ação?

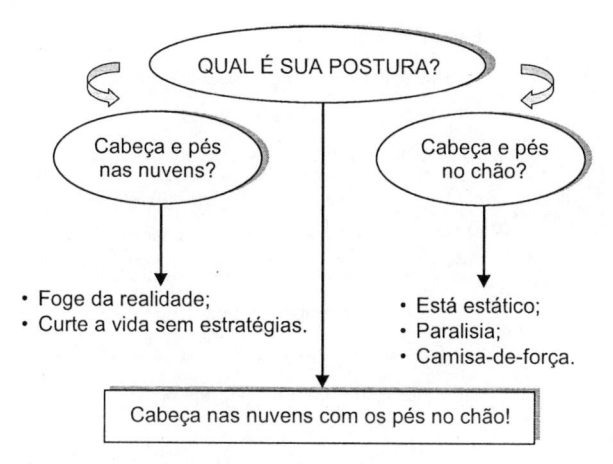

PRINCIPAIS ASPECTOS QUE INFLUENCIAM A LIDERANÇA

QUAL É SUA POSTURA?

- Cabeça e pés nas nuvens?
  - Foge da realidade;
  - Curte a vida sem estratégias.

- Cabeça e pés no chão?
  - Está estático;
  - Paralisia;
  - Camisa-de-força.

Cabeça nas nuvens com os pés no chão!

- É preciso se achar no trabalho e na vida;
- Não dá para viver só a partir das 18 horas;
- Diferentes aspirações podem conviver desde que você se organize;
- Não sonhe um só sonho! Pode perder boas oportunidades...

Baseado em Souza, 2003

Os recursos estão escassos, então você não pode fazer nada?

Essas e muitas outras perguntas nos atormentam, sendo ou não líder de uma equipe. Precisamos de estímulos para poder desenvolver-nos e criar alternativas de ação. E quando somos o líder, nós é que devemos estimular nossos colaboradores, agindo na busca por novas opções e alternativas.

Então, se você quer tornar-se um líder, busque praticar, senão tudo, a maioria do que sintetizamos de diversos autores na ilustração a seguir. Mas leia cada um dos aspectos cuidadosamente, refletindo sobre como você geralmente age em relação a ele. Só assim você poderá perceber como é difícil se tornar um verdadeiro líder. Mas, ao mesmo tempo, é possível, chegar lá.

São muitos os conselhos que lemos para que uma pessoa se torne um líder, ou melhore sua capacidade de liderar. Mas todos têm a ver com a preocupação de se relacionar melhor com as pessoas, buscando conhecê-las, e, ao mesmo tempo, dando oportunidades para que elas acreditem em você e se entusiasmem com suas idéias.

Para se tornar um líder busque:
- Ser entusiasta e energético
- Acreditar na capacidade das pessoas
- Se aproximar das pessoas
- Não se exceder nos controles
- Modificar processos e procedimentos
- Transformar idéias em ações realizáveis
- Não buscar apenas um cargo de destaque
- Cultivar credibilidade nas suas ações e discursos
- Desenvolver habilidades interpessoais
- Aprender a lidar com as diferenças

Você também precisa acreditar que as pessoas são capazes de realizar. Você tem que dar oportunidades para que elas tenham suas idéias, ouvi-las e evitar controles excessivos, pois geralmente estes inibem a criatividade, a iniciativa e a mudança dos procedimentos usuais.

Como você deve estar percebendo, para se tornar um líder, você terá que adotar novas posturas perante você, o mundo e os que o cercam. Precisa cultivar e desenvolver suas habilidades interpessoais, especialmente no tratar com diferentes opiniões.

Cada um tem uma perspectiva de vida e carreira para se transformar em líder. Precisa conseguir credibilidade em suas ações, a partir do que faz e do que diz, conseguindo que as pessoas incorporem suas idéias. Só assim poderá transformá-las em ações realizáveis.

Além disso, as idéias são frutos dos nossos sonhos. Estes são os grandes impulsionadores de nossas ações e de nossa visão de futuro. Logo, precisamos empreendê-los, pois só assim é que conseguiremos realizá-los. Veja a ilustração a seguir.

Lembre-se de que você com suas ações e atitudes, perante seus funcionários, é o grande responsável pelo clima que se instalará em sua unidade de trabalho.

Seu humor, sua postura diante dos acontecimentos, suas reações e sua forma de decidir as coisas são analisados constantemente por seus funcionários, que irão acolhê-las como regra de conduta em muitos casos.

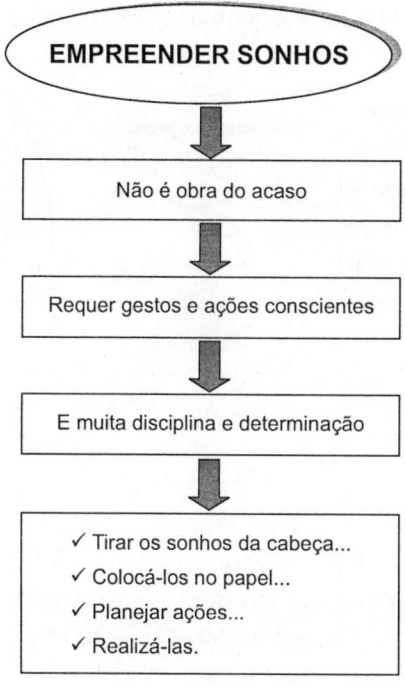

PRINCIPAIS ASPECTOS QUE INFLUENCIAM A LIDERANÇA

```
           ┌─────────────────────┐
           │  EMPREENDER SONHOS  │
           └──────────┬──────────┘
                      ▼
           ┌─────────────────────┐
           │  Não é obra do acaso│
           └──────────┬──────────┘
                      ▼
           ┌──────────────────────────────┐
           │ Requer gestos e ações conscientes │
           └──────────┬───────────────────┘
                      ▼
           ┌──────────────────────────────┐
           │ E muita disciplina e determinação │
           └──────────┬───────────────────┘
                      ▼
           ┌──────────────────────────────┐
           │ ✓ Tirar os sonhos da cabeça...│
           │ ✓ Colocá-los no papel...     │
           │ ✓ Planejar ações...          │
           │ ✓ Realizá-las.               │
           └──────────────────────────────┘
```

Baseado em Souza, 2003

O comportamento do líder é como um espelho para seu pessoal. O que ele faz, como faz e quando faz irá induzir à reprodução pelos que o cercam. Não é que você tenha que ser perfeito, mas precisa estar consciente de que você é um modelo a ser seguido.

Você precisa estar atento de que tem poderes perante seu pessoal, muito mais até do que os poderes formais que sua organização possa ter definido para você, em sua estrutura organizacional.

Como você age irá repercutir nas ações dos seus colaboradores.

Como você comunica suas idéias irá influenciá-los!

Isso irá gerar alterações no moral de seu pessoal, tanto positivas como negativas. Só depende de você.

Portanto, pense muitas vezes antes de agir, sempre....

Veja como ilustramos as relações do líder com seu ambiente de trabalho na ilustração a seguir.

O líder e o ambiente de trabalho

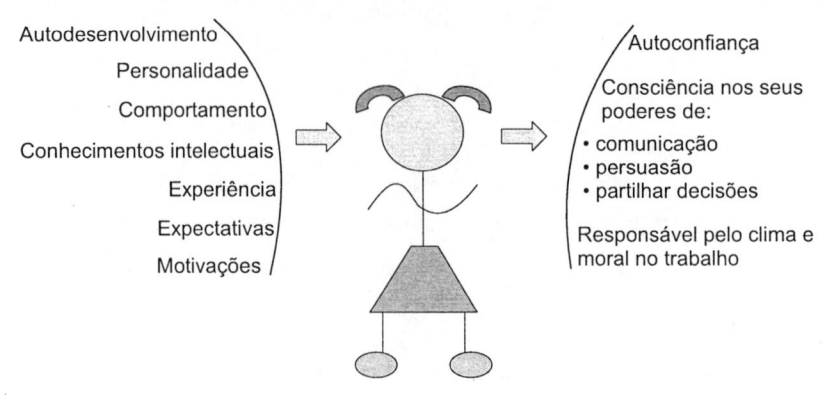

Autodesenvolvimento
Personalidade
Comportamento
Conhecimentos intelectuais
Experiência
Expectativas
Motivações

⇒

⇒

Autoconfiança
Consciência nos seus poderes de:
- comunicação
- persuasão
- partilhar decisões

Responsável pelo clima e moral no trabalho

O líder precisa se conhecer, ter consciência da sua personalidade e trabalhar seus pontos fracos; aqueles que dificultam os relacionamentos. Precisa adotar um comportamento que gere boas experiências para os que convivem com ele, pois isso resultará em boas expectativas de sucesso e realização, e os motivará a segui-lo.

Agindo assim, o que você conseguirá?

Conseguirá sua autoconfiança, porque, conhecendo-se melhor, saberá também agir melhor com as pessoas com quem se relaciona. Terá autoconsciência do poder que poderá ter, sabendo como se comunicar com colegas e funcionários, com persuasão para guiá-los nos caminhos desejados, mas sempre partilhando com a equipe as decisões que precisam ser tomadas.

Agindo assim, você se tornará o verdadeiro responsável pelo clima de sua unidade. Este clima, quando positivo e agradável, eleva o moral, abrindo caminho para que os resultados almejados sejam alcançados.

Comece hoje mesmo a alterar suas ações nesse sentido, e vá observando como as coisas irão mudar. É um movimento contínuo, pois as pessoas refletem o que sentem. E quando se sentem valorizadas e ouvidas, tendem a se comprometer com os resultados e seu desempenho cresce significativamente.

5

EXISTE UM ESTILO IDEAL DE LÍDER?

Não existe estilo de liderança ideal!

O estilo de liderança pode ser entendido como uma forma natural de comportamento, adotado sem maiores esforços, sendo a via preferida e mais freqüente de ação de uma determinada pessoa.

Cada estilo nasce das diferenças de personalidade e comportamentos individuais, ou seja, da maneira de ser de cada um, incluindo características intelectuais, emocionais, experiências, expectativas e motivações. Cada pessoa possui seu estilo comportamental.

Esse estilo irá depender de sua personalidade, que é formada pelo seu temperamento e caráter. Sendo seu temperamento praticamente imutável e seu caráter essencialmente formado pelas experiências pessoais originadas desde a infância.

A busca pela liderança é inicialmente uma busca interior, para descobrir quem você é e como você age, em relação a você mesmo e em relação aos outros.

Através do autodesenvolvimento vem a confiança necessária para liderar. Você precisa adquirir novos hábitos e posturas para se tornar um líder, como estamos lhe mostrando.

A autoconfiança é, na verdade, a consciência e a fé em seus próprios poderes. Estes somente se tornam claros e fortes quando você trabalha para identificá-los e desenvolvê-los (Kouzes & Posner, 1991).

Se você quer realmente ser líder, é necessário praticar o seu autodesenvolvimento, conhecendo sua personalidade, seu comportamento, suas motivações e suas expectativas. Só assim terá autoconfiança para poder exercer sua capacidade de liderar.

Podemos afirmar que para se transformar em um líder, você precisará inicialmente liderar a si mesmo, cultivando um estilo de ação e atitudes que permitam a você conhecer-se, entender-se e saber exatamente aonde você quer chegar. Veja como você pode desenvolver-se em um líder vitorioso na ilustração abaixo:

```
        Quem define o que quer e
             para onde vai...

                 Chega lá!

  Não fica à mercê da      Celebra suas    Não vive arranjando
  vontade dos outros         vitórias          desculpas
     Sabe escolher        Não se deixa
      as opções          engolir pela rotina
     Não é sempre
     insatisfeito
```

Baseado em Souza, 2003

Para se tornar um líder, você não poderá ficar à mercê dos outros, mas deverá, sim, tomar a dianteira de sua vida para depois buscar o domínio da situação. Não se pode deixar levar pela rotina de trabalho diário, que muitas vezes nos impede de crescer e de buscar novos rumos.

Sabendo escolher as melhores opções, você poderá chegar aos melhores resultados.

É uma questão maior do que simplesmente acreditar...

É uma questão de agir, e agir com objetividade e discernimento.

A liderança pode ser vista como a capacidade de ver as coisas como elas realmente são, e de mobilizar uma reação apropriada das pessoas, a partir de suas boas idéias, de seus valores, de sua energia positiva e de seu empenho.

Conseguir sucesso no que você deseja exige que se dedique aos seus objetivos. O líder é um vitorioso, pois consegue que as pessoas acreditem nele e desenvolvam atividades que os satisfaçam, satisfazendo, também, à organização.

Mas ter sucesso em uma determinada situação não garante o sucesso em todas as outras. É apenas um indicativo de posicionamento para novas conquistas, mais freqüentes e duradouras.

Você, então, necessita sempre estar buscando ter sucesso em suas ações e decisões, não esperando sucesso gratuito. Pois o sucesso vem do resultado dessas ações e decisões.

Precisa ter consciência de que o sucesso é um estado passageiro, e não cair na síndrome do sucesso, ou seja, achar que você já é vitorioso e não precisa mais de esforço. Por isso, é importante constantemente buscarmos novas perspectivas.

Talvez um dos testes para você saber se é líder de um grupo é a busca por um sucesso que seja contínuo...

Mas como isso pode ocorrer?

O sucesso contínuo é quando você consegue trabalhar constantemente na formação de futuros líderes de sua equipe, porque o sucesso de longo prazo requer muitos líderes nos diversos níveis, e, para isso, cada líder atual deve ser responsável por ensinar, treinar e formar outros líderes. Compartilhar idéias, identificar necessidades e desenvolver conhecimentos práticos de negócios irá ajudá-lo nessa tarefa (Tichy, 1999).

Pode parecer impossível, mas quanto mais você souber escolher e escalonar prioridades, mais fácil será atingir seus objetivos.

Esse poderia ser um estilo ideal de líder...

6

ESQUEÇA OS MITOS DA LIDERANÇA

Muitos acreditam que existem alguns mitos sobre a liderança e que o grande desafio é desvendá-los. Mas, em nossa opinião e na de vários pesquisados, devemos evitar acreditar que para ser líder temos que ser diferentes dos demais, assumindo papéis de super-homens ou mulheres-maravilha.

Acreditamos que se nos preocuparmos com os outros, de forma sincera, e os tratarmos com cuidado, consideração e gentileza, já atingiremos meio caminho para conseguirmos conduzi-los. Para você se tornar líder, é mister ver os outros como pessoas, preocupar-se com o bem-estar delas e tratá-las como gostaria de ser tratado.

Tornar-se líder é, antes de tudo, tornar-se gente; gente boa e cooperativa. Compreender e cuidar de si próprio e dos outros.

Por muito tempo, acreditou-se que o líder tinha que ser nato. Já sabemos que ele pode até ser, mas não obrigatoriamente.

Para responder a pergunta se o líder é nato ou é construído, vimos a melhor resposta em Tichy (1999), quando ele afirma que é uma pergunta sem sentido, pois seria o mesmo que perguntar se atletas já nascem atletas ou se são formados. E a resposta obvia é que são ambos. Porque com o treinamento, compromisso e empenho, todos poderão ser muito melhores.

Você pode aperfeiçoar suas idéias, articular melhor seus valores e melhorar sua capacidade de tomar decisões positivas. Por isso, é válido o esforço para desenvolver a liderança nas pessoas.

Veja alguns dos principais mitos da liderança que ilustramos na figura a seguir.

Desvende os mitos da liderança:

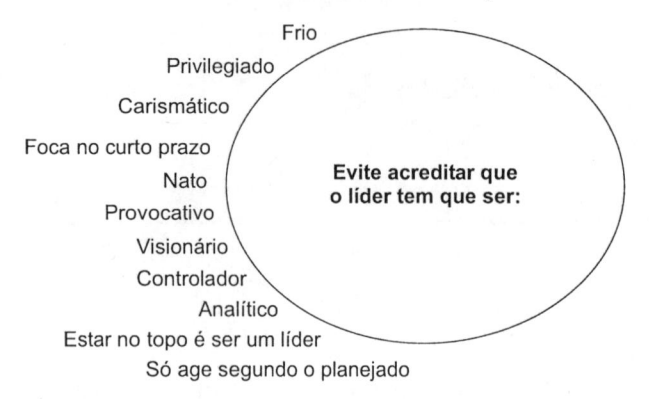

Evite acreditar que o líder tem que ser:
- Frio
- Privilegiado
- Carismático
- Foca no curto prazo
- Nato
- Provocativo
- Visionário
- Controlador
- Analítico
- Estar no topo é ser um líder
- Só age segundo o planejado

Se você já tem uma personalidade que facilita envolver e cativar as pessoas em suas idéias e argumentos, é certo que você terá mais facilidade em ser líder. Mas não são somente estas pessoas que podem ser líderes.

Um grande mito é acreditar que o líder tem que ser uma pessoa fria, controlada, visionária e analítica, que só age a partir do planejado, e, por isso, geralmente está no topo da organização. Isso não tem qualquer sentido expresso e real para ser uma regra da liderança.

As pessoas podem ser líderes em qualquer nível da organização, e normalmente esse tipo de gente "fria e calculista" afasta os demais de si. Podem até ter autoridade formal e um cargo de chefia, mas estarão longe de ser um líder de seu grupo e obter resultados efetivos.

Kouzes (1999) afirma que o fator de sucesso número um da liderança é o relacionamento do líder com os liderados. Passou-se muito tempo crendo no mito de que o líder frio, distante, analítico e que separava a razão da emoção era o tipo ideal.

Para ele, a mais importante prática da liderança é a de *encorajar o coração dos funcionários*, que é também a mais pessoal. Contrariando o mito popular, a melhor performance de líder seria a que expressa afeição pelas pessoas e as torna amigas.

Outro grande mito é o de que o líder tem que ser carismático. Aquela pessoa admirada por todos, querida e adorada. Todos os seguem porque acreditam plenamente em tudo que ela diz e faz. É claro que pessoas assim são difíceis de achar.

A história registra líderes que foram carismáticos, como Cristo, Nelson Mandela, Hitler, Gandhi, Madre Tereza de Calcutá, e tantos outros. Outras pessoas com menos carisma e grande força de entendimento e relacionamento também podem tornar-se líderes.

O líder não é alguém que nasceu em "berço de ouro", e, por isso, tem todos os privilégios que gente comum como você e nós não temos...

O líder não vê além do que os normais vêem. Ele busca novos horizontes e alternativas que também podemos buscar. Ainda temos muitos outros mitos sobre líderes. Veja como os sintetizamos para você na próxima ilustração:

Grandes mitos da Liderança

- Qualquer um pode ser líder! (As pessoas têm que ter autoconhecimento e querer ser líder).
- Os líderes trazem lucros para a empresa! (nem sempre).
- As pessoas que chegam ao topo são líderes! (não necessariamente).
- Os líderes são bons treinadores! (raramente).

Qualquer um pode ser líder, pode ser um mito porque cada um precisa preparar-se para ser líder, querer ser líder e se autoconhecer para poder tornar-se líder. É uma resposta ao esforço e às ações intencionais, e não resultado do acaso.

Os líderes trazem lucros para as empresas. É mais um mito, pois as ações do líder não querem dizer que obrigatoriamente trarão mais lucros para a organização. Isso pode ser resultado do trabalho do líder e de sua equipe, mas não obrigatoriamente ocorrerá.

As pessoas que chegam ao topo são líderes. Quando isso é resultado de um processo participativo de escolha interna, como em eleições e escolhas coletivas, pode até ser que o líder esteja no topo. Mas a simples posição de comando não representa, obrigatoriamente, uma situação de liderança.

Os líderes são bons treinadores. Ou o líder é uma pessoa mais indicada para treinar seu pessoal. Isto pode até ser verdade para algumas situações e alguns líderes, mas não é uma exigência para todos, e muito menos uma regra. Existem bons treinadores que não são líderes, mas, no momento do treinamento, conseguem transmitir importantes conceitos e práticas para os participantes.

O líder que chega perto das pessoas, compartilha pensamentos e sentimentos com elas e as libera para fazer a diferença. Usa respeito, consideração, encorajamento e cultiva a verdade.

Esse líder busca incutir credibilidade e deixar os subordinados com o espírito livre para criarem e serem mais efetivos. Talvez essa seja a sua maior missão.

O Verdadeiro Líder Sabe Que...

- Precisa ser **enérgico e entusiasta** nas coisas que deseja fazer e realizar;
- **Atrai pessoas** porque consegue fazer com que elas acreditem profundamente nas suas capacidades;
- Está **fazendo o melhor possível** em suas ações e decisões;
- **É cuidadoso** no trato com as pessoas;
- **Quanto mais ele controla as pessoas, menos elas irão fazer**, e terão menos credibilidade em si próprias;
- Liderar o processo é "**mexer**" **com a organização**, não apenas buscando manter o *status quo*;

- **Focar o longo prazo**, dirigindo-se para o que é possível ser feito, transformando-o em ações realizáveis e facilita para que os outros também as façam;
- **Deve ser mais importante que suas próprias palavras**, pela credibilidade atingida.

Ser um verdadeiro líder é aquele que comanda a situação e é reconhecido por isso. Busca sempre se aprimorar, tanto em relação às pessoas, como em relação às tarefas; é cuidadoso com os que o cercam, mas, ao mesmo tempo, os leva à decisão. Não vê só o hoje, mas também o amanhã.

Em resumo, se você quer se tornar um líder, precisa saber que:

Os líderes precisam saber que:
- Sem seguidores não há líderes
- Popularidade não é liderança; resultados sim
- Liderança não é posição, privilégio ou poder
- São visíveis, então servem de exemplo

Liderança é responsabilidade com pessoas, ações e resultados

Adaptado de Drucker, 1996

Você já está seguro que a liderança não é uma posição ou um cargo?

Tem convicção de que ela é um processo que envolve conhecimentos e habilidades?

Já tem certeza de que a liderança não é genética, não é um código secreto, nada tão difícil que não possa ser praticado por pessoas normais como você?

Esperamos que sim...

7

O QUE NOSSO GRANDE MESTRE PETER DRUCKER NOS ENSINA SOBRE LIDERANÇA?

Peter Drucker é um dos mais importantes estudiosos organizacionais do século XX, até nossos dias. É tido com um grande visionário, tendo estudado o processo de liderança em diversas realidades e países.

Com sua experiência de mais de 60 anos em estudos organizacionais, ele defende que:

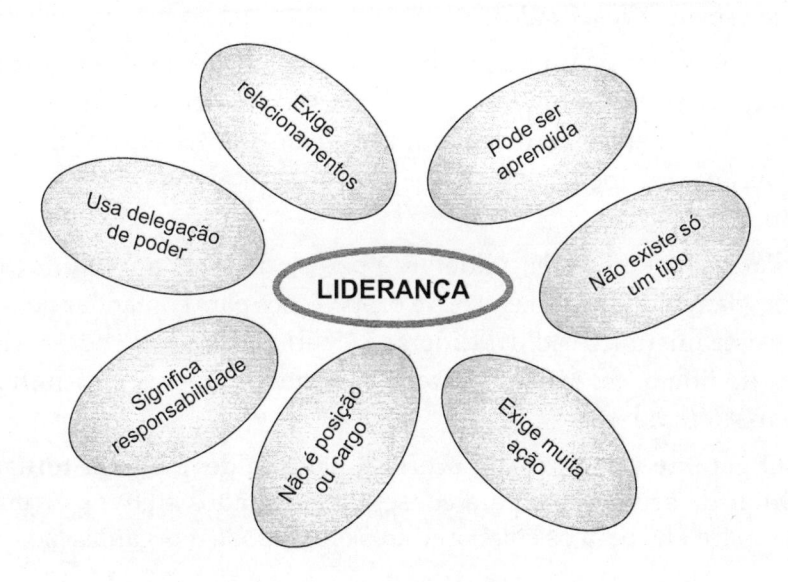

- Exige relacionamentos
- Pode ser aprendida
- Usa delegação de poder
- Não existe só um tipo
- Significa responsabilidade
- Não é posição ou cargo
- Exige muita ação

LIDERANÇA

Nós já defendemos esses aspectos como importantes para você. Nossos estudos também nos revelaram isso. A liderança exige muita ação; não é um cargo; pode ser aprendida e exige relacionamentos interpessoais, com responsabilidade entre líder e liderados.

A liderança usa delegação de poder. O que significa isso?

Significa que você partilha o poder que tem com seus colaboradores. Ou seja, você não decide tudo sozinho. Você dá oportunidade para que seus colegas e seus colaboradores forneçam suas opiniões e idéias, para que vocês cheguem, em conjunto, à melhor solução para o momento.

É certo que muitas vezes é difícil delegar, porque seria muito mais fácil decidir sozinho, mas muitas boas idéias podem surgir e o líder tem consciência disso, buscando esse apoio no seu processo decisório.

Acredito que você já esteja consciente de que a liderança exige muita ação. Mas lembrar que liderança significa responsabilidade é algo novo. Responsabilidade com quê? Responsabilidade com as pessoas que o cercam, com as decisões que você toma, com os processos e os objetivos que você estabelece; enfim, com a ação que você incentiva. E, principalmente, responsabilidade com os resultados obtidos, mesmo que não sejam os esperados.

A liderança não quer dizer posição, privilégios, títulos ou dinheiro. Significa responsabilidade; os líderes se comportam de forma muito semelhante entre si, delegam muito bem muitas coisas, mas não delegam o que apenas eles podem fazer com excelência; os líderes agem.

Para Drucker (2001), a liderança pode e deve ser aprendida pelos que desejem modificar suas ações e proposições para comandar pessoas. Não existe um único estilo de liderança, personalidade de liderança ou traços de liderança. Muitas pessoas bastante diferentes podem transformar-se em líderes.

O gerente é sempre um profissional que deve buscar tornar-se um líder de seu pessoal para conseguir resultados efetivos e permanentes para ele, para os colaboradores e para toda a organização.

Buscar trabalhar os pontos fortes das pessoas e os seus próprios, eliminando ou neutralizando os pontos fracos a partir de posturas criativas e inovadoras, deve ser uma constante preocupação do líder.

Druker (1999) ainda nos afirma que aprendeu cinco grandes lições com seus primeiros líderes, acreditando que "a função de um gerente é tornar eficazes os pontos fortes das pessoas e irrelevantes seus pontos fracos", os quais resumimos para você nos itens abaixo:

a) **Tratar as pessoas de maneira diferenciada, com base nos seus pontos fortes** – exigir mais de quem tem mais potencial. Os líderes sabem que as pessoas são diferentes entre si, por isso mesmo as tratam com dignidade, respeito e cuidado, buscando melhorar seus pontos fortes e desenvolvendo condições para superarem seus pontos fracos.

b) **Estabelecer altos padrões, mas conceder liberdade e autonomia às pessoas para realizarem suas tarefas** – para que cada uma adquira responsabilidade na obtenção dos resultados. O líder não é o bonzinho da história. Ele cobra o bom desempenho, buscando alternativas de solução das dificuldades de forma integradora e construtiva.

c) **A avaliação do desempenho deve ser honesta, rigorosa e parte integrante do trabalho** – ter um momento de avaliação previsto na rotina de trabalho, em conjunto com toda a equipe, quando cada um deve tirar suas dúvidas e o líder, só no final, responde a tudo, dando significado sobre como melhorar o desempenho.

d) **As pessoas aprendem mais quando ensinam** – o líder deve buscar transmitir suas idéias e crenças a sua equipe, com clareza e precisão para compartilhar conhecimentos e experiências. Sabe que, mesmo ensinando algo novo a alguém, está aprendendo com as experiências e as dificuldades dessa pessoa.

e) **Líderes eficazes merecem respeito, mas não é preciso gostar deles** – não é preciso ser amigo do líder, mas é preciso acreditar que ele, como bom maestro, conduzirá todos aos melhores resultados.

Lembre-se:

LIÇÕES DE LIDERANÇA
Por Peter Drucker, 1999.

- Estabelecer altos padrões, mas conceder às pessoas liberdade e autonomia para realizar suas tarefas.

- Tratar as pessoas de maneira diferenciada, com base nos seus pontos fortes.

- Revisar o desempenho de forma honesta, rigorosa e integradora do trabalho.

- Pessoas aprendem mais quando ensinam.

- Líderes eficazes merecem respeito, mas é preciso gostar deles.

A função do gerente é tornar eficazes os pontos fortes das pessoas e irrelevantes seus pontos fracos.

8

Quais Seriam os Atributos Imprescindíveis ao Líder?

A primeira coisa de que você pode ter plena certeza em termos de atributos do líder é que os líderes se desenvolvem; não são fabricados (Handy, 1996).

Como qualquer aprendizado, ser líder necessita de vontade, persistência e dedicação. Não crescemos física, mental ou intelectualmente sem nos esforçarmos, e muito.

Então, se você quer ser um líder, trate de buscar novas idéias, novos comportamentos e novas ações, descobrindo, primeiramente, quem é você e o que realmente quer.

Veja mais algumas funções do líder na figura a seguir.

As funções de um líder

⬇

- DIRIGE um grupo para um objetivo;
- ENGAJA pessoas no processo;
- INTERMEDEIA demandas conflitantes ou competitivas.

Adaptado de Heifetz "Leadership Without Easy Answers", 2003

As funções do líder não estão apenas voltadas para os resultados operacionais ou técnicos.

O líder traça as estratégias e a missão a serem cumpridas, buscando engajar as pessoas nesse processo de implementação das ações. Em todo processo de implantação de ações e decisões, surgem conflitos e demandas diferenciadas, que são administradas por ele, para que, na maioria das vezes, todos saiam ganhando.

Alguns autores, quando estão estudando liderança e a diferenciam da gestão ou chefia, partem para enaltecer sobremaneira o lado relacional do comportamento e do processo decisório do líder. Dentre eles, ressaltamos as idéias de Hickman (1991) abaixo ilustradas.

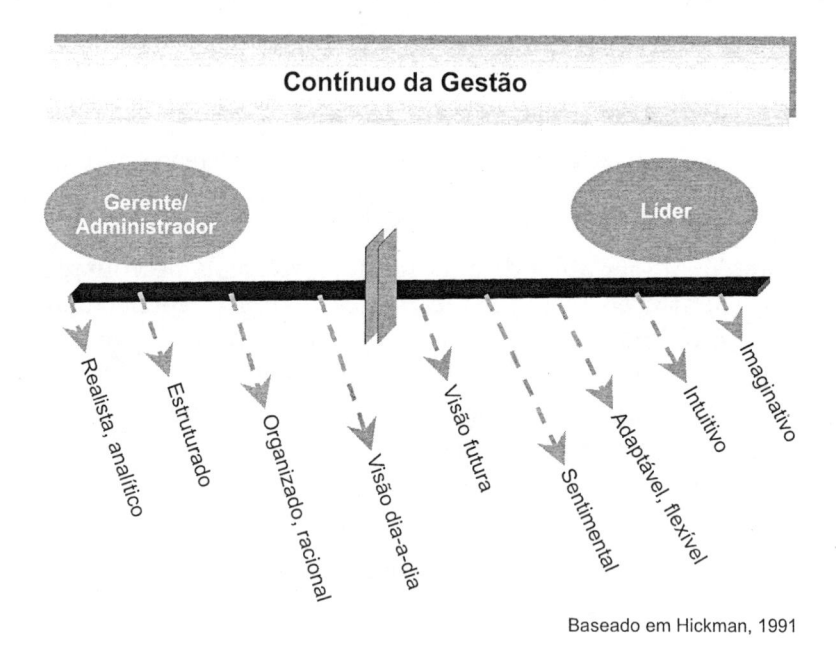

Contínuo da Gestão

Gerente/Administrador — Realista, analítico; Estruturado; Organizado, racional; Visão dia-a-dia

Líder — Visão futura; Sentimental; Adaptável, flexível; Intuitivo; Imaginativo

Baseado em Hickman, 1991

A gestão, então, se posicionaria em um contínuo que vai desde o chefe meramente analítico e racional ao líder intuitivo e imaginativo. Não é idéia do autor dizer que o líder não atua no lado esquerdo do contínuo, ou seja, mais analítico e realista, mas que o lado direito seria o mais forte em sua ação gerencial, ou ação gerencial em liderança. Onde seria mais adaptável e flexível, usando sua intuição e imaginação para a tomada de decisão.

QUAIS SERIAM OS ATRIBUTOS IMPRESCINDÍVEIS AO LÍDER?

Mais uma vez mostramos que o lado comportamental e relacional do líder tem que estar muito bem resolvido, tendo alto grau de conhecimento interior e preocupação com os que o cercam. Acreditando nisso, você poderá passar a utilizar algumas posturas, condutas e comportamentos que irão facilitar o desenvolvimento da sua liderança (ilustrados na figura abaixo).

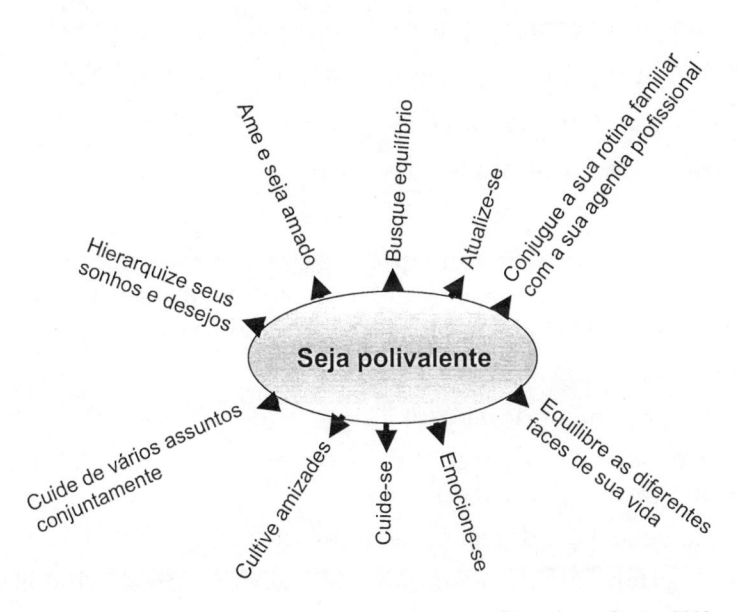

Diagrama com "Seja polivalente" no centro, cercado por: Ame e seja amado; Busque equilíbrio; Atualize-se; Conjugue a sua rotina familiar com a sua agenda profissional; Equilibre as diferentes faces de sua vida; Emocione-se; Cuide-se; Cultive amizades; Cuide de vários assuntos conjuntamente; Hierarquize seus sonhos e desejos.

Baseado em Souza, 2003

Ser polivalente é uma idéia que assusta algumas pessoas. Por muito tempo, achávamos que teríamos que ser especialistas e entender muito poucas coisas...

Mais recentemente, voltamos a entender que ser generalista, ou saber de várias coisas e conhecer bem nossa especialidade, seria mais interessante para atendermos às novas demandas das organizações.

Portanto, **é imprescindível aprender a cuidar de vários assuntos conjuntamente**. Não podemos priorizar apenas nosso trabalho ou estudo; temos que conjugar esforços em equilibrar as diferentes faces da vida: a família, o trabalho, o estudo, nosso parceiro(a), e tantas outras coisas...

Covey (1999) defende que as pessoas que desejam ser líderes eficazes têm que praticar sete grandes hábitos:

a) ser pró-ativo;
b) ser seu próprio líder e saber onde quer chegar;
c) priorizar as coisas mais importantes;
d) pensar no ganho mútuo, interpessoal;
e) procurar primeiro entender e depois ser entendido;
f) agir em sinergia, com cooperação criativa;
g) estar sempre se auto-renovando.

Ser líder é valorizar a integridade pessoal e a autonomia. Então, voltamos a chamar a sua atenção para o fato de que ser líder significa, primeiro, refletir bastante sobre sua própria vida.

Quais são seus valores?

Qual é seu maior desafio?

A resposta a essas perguntas irá conduzir sua ação. Você precisa definir em que acredita e o quer.

O que você mais deseja neste momento?

Você certamente deseja muitas coisas. Mas é preciso hierarquizar seus desejos e suas aspirações para poder realizar algo e se realizar.

Você pretende lutar para conseguir o quê, em primeiro lugar?

É uma questão pessoal. Você é que terá de priorizar seus anseios...

Comece pelo que você acha mais importante e vá até os menos importantes. Estabeleça uma escala de desejos e resultados a serem atingidos em um determinado período. Mas não olhe muito longe. Comece com o que você poderá realizar em um ano, em dois e assim por diante. Pequenas conquistas nos fortificam...

Alguns estudiosos organizacionais não gostam de tocar em assuntos emocionais porque não os podem controlar com facilidade. Falar que o líder precisa amar, ser amado e emocionar-se parece absurdo para muitos.

Mas será que uma pessoa que não ama e não é amada pode ser um líder?

Sinceramente, achamos que não. Pode até ser um chefe eficiente, mas não por muito tempo. E não conseguirá criar um clima favorável ao crescimento de todos e de resultados duradouros.

Outro aspecto muito importante para quem quer atingir o objetivo de se transformar em líder é a busca por um equilíbrio entre as demandas pessoais, familiares e profissionais.

Pense em uma balança com três pratos, nos quais você coloca suas demandas pessoais no primeiro, familiares no segundo e profissionais no terceiro.

Como ficaria sua balança?

Os três pratos estão equilibrados ou em desequilíbrio?

Em certos momentos, os pratos podem variar suas posições, pois isso faz parte da vida, mas nossa busca deverá ser por equilibrá-los na maioria do tempo.

Você concorda?

Se não, reflita sobre como poderá comandar pessoas se não consegue comandar bem sua própria vida.

Se os pratos da balança ficam sempre pendentes para um dos lados, os que estiverem em desvantagem irão ressentir-se e poderão perder seu rumo, sua eficiência e seus resultados.

Você sempre terá que estar olhando para seus três grandes extremos: você mesmo, sua família e seu trabalho. Em alguns momentos de sua vida, um deles se sobressai, mas isso é normal, desde que não seja uma constante. Variará dependendo de sua idade, da condição social e financeira, da situação educacional e de muitos outros aspectos ambientais e situacionais.

O importante é que você esteja sempre buscando o equilíbrio dos três pólos, dando força e condições para que eles se desenvolvam, preferencialmente em conjunto.

Quando permitimos que apenas um dos três se desenvolva, ou esquecemos um deles, teremos reflexos negativos posteriormente. Se for o seu "eu", você poderá comprometer sua saúde, seus desejos e seus sonhos. Se forem em relação à sua família, poderá perdê-la ou frustrá-la por falta de atenção e cuidados. E se for em relação ao lado profissional, poderá perder seu emprego, ou mesmo decepcionar seus colegas e superiores, o que comprometerá sua carreira por um longo período.

Então, para você se tornar um líder, precisa ser competente no que pretende fazer, mas precisa cuidar de você mesmo, dos que o cercam e de onde quer chegar...

Portanto, reflita sobre o pensamento abaixo:

Grandes líderes se originam de grandes causas, mas líderes dando o melhor de si também as originam.

(Handy, 1996)

9

HÁ UM TIPO DE PERSONALIDADE CARACTERÍSTICA DO LÍDER?

Certamente que não.

Algumas características de personalidade são tidas como facilitadoras do processo de liderança, mesmo acreditando-se que a liderança não é só nata.

Mas se acreditamos que a liderança é resultado de nossas ações e decisões junto aos que nos cercam, então nossa personalidade poderá facilitar ou dificultar o processo de formação de um verdadeiro líder.

É claro que algumas pessoas têm mais facilidade para se tornarem líderes que outras, mas isso será resultado não só da personalidade, mas também de esforço e determinação em maior ou menor grau.

O esforço que irá utilizar em conseguir atingir determinados objetivos estará diretamente relacionado com sua dedicação e ações que permitam conquistas neste caminho.

Mas nem sempre as ações provocam reações esperadas, podendo nos levar a novas ações negativas, de acomodação e rejeição. Não podemos desistir no primeiro empecilho.

Temos que saber aonde queremos chegar e lutar por isso. Persistir, repetir, corrigir e fazer tudo que for necessário para chegar aonde pretendemos. Mas não estamos afirmando que você deva ser teimoso. Ser persistente é diferente de ser teimoso. O teimoso não reflete sobre os seus erros e acertos, ele simplesmente quer porque quer...

Algumas características dos líderes parecem ser genéticas; outras precisam ser cuidadosamente aprendidas.

A reunião das características básicas de líderes eficazes e da dinâmica do seu comportamento é que produz a liderança eficaz, não importa como seja definida.

Para se estudar o fenômeno liderança, deve-se analisar a constituição intelectual, moral e comportamental dos líderes na opinião de Wolhelm (1996), com a qual concordamos.

Vejamos algumas características de personalidade que podem facilitar a ação do líder. Elas estão apostas no lado esquerdo da nossa ilustração e são capazes de produzir ações que dispusemos no lado direito.

Características de personalidade que facilitam a ação do líder

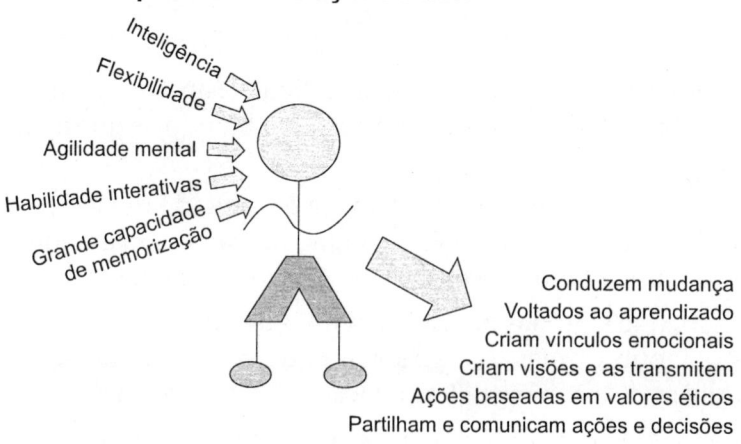

- Inteligência
- Flexibilidade
- Agilidade mental
- Habilidade interativas
- Grande capacidade de memorização

- Conduzem mudança
- Voltados ao aprendizado
- Criam vínculos emocionais
- Criam visões e as transmitem
- Ações baseadas em valores éticos
- Partilham e comunicam ações e decisões

Neste momento, você pode ter ficado um pouco inseguro sobre seu poder para se transformar em um líder, pois acha que não possui todas essas características em sua personalidade.

Não é bem assim...

Inteligência você tem, pois ela não é uma única coisa, monolítica, mas envolve diversos aspectos, como a sua capacidade de memorização, abstração, raciocínio lógico, raciocínio espacial, relacionamento, musicalidade, fluência verbal, adaptabilidade e muito mais.

Pedreira (1997) defende que a inteligência tem sete modalidades: lógico-matemática, verbal, artístico-musical, corporal, espacial, intra e interpessoal.

Esta última é muito importante para quem quer ser líder, pois envolve organizar e liderar grupos, negociar soluções, possuir sintonia pessoal – empatia –, ter sensibilidade social e pedir desculpas. Já se foi o tempo em que ser inteligente significava QI (quoeficiente de inteligência) alto e saber matemática...

Agilidade mental pode ser desenvolvida pelo exercício, mas é fundamental muito esforço e vontade de mudar.

O mesmo acontecendo com **capacidade de memorização, que quanto mais é trabalhada, mais se desenvolve**. E ainda existem diversas técnicas que nos auxiliam nisso.

Ter **habilidades interativas**, ou seja, habilidades para lidar com diferentes opiniões e posições também podem ser desenvolvidas se treinarmos nosso "ouvido" para isso. Antes de tudo, precisamos querer partilhar, criar vínculos com as pessoas, estarmos abertos à mudança.

Para que você venha a se tornar um líder, é preciso que você se conheça bem e tenha consciência de suas dificuldades e potencialidades para poder desenvolver seu potencial de liderança. Mas é claro que você também precisará ter alta energia, estabilidade, controle interno e sensibilidade com as pessoas.

Não esqueça que sem esforço e crença no seu poder de mudar você jamais será um líder.

Porque ser líder também lhe dará responsabilidade sobre os que você cativou, como seus colaboradores, e eles não aceitarão facilmente uma desistência sua, um fracasso momentâneo pelo cansaço de lutar ou pelas dificuldades sempre crescentes.

Além dessas características de personalidade ou traços de personalidade, muitos outros são relacionados pelos estudiosos da liderança. Salientamos mais alguns destacados por Yukl (1999), conforme o quadro da próxima página.

Traços de personalidade importantes ao líder:

- Adaptável a mudanças
- **+**
- Alerta ao meio social
- **+**
- Assertivo, confiante, decisivo e cooperador
- **+**
- Vigoroso, persistente, autoconfiante e tolera o stress

Baseado em Yukl, 1999

Aprender a se adaptar é uma conquista necessária nos nossos dias, pois tudo muda e muito rápido. Onde estamos, com quem convivemos e quando convivemos irá influenciar nosso comportamento, principalmente se desejamos liderar uma situação.

Ser assertivo, afirmativo e confiante em você mesmo é importante para poder ser decisivo e cooperador. Mas tenha cuidado em não cultivar a teimosia, como afirmamos anteriormente.

Uma outra característica de personalidade que você precisa trabalhar é a tolerância ao estresse. O estresse é um dos grandes males atuais. Ele nem sempre é facilmente perceptível, mas vai-se instalando e termina por nos imobilizar. É a urgência das decisões, a falta de recursos, as pessoas desmotivadas, a gerência autoritária, as condições da economia, nossa família, e tantas outras coisas que nos deixam ansiosos e estressados na vida e no trabalho.

Os sintomas do estresse são variados, diferentes entre as pessoas e podem ser físicos ou emocionais. Veja algumas conseqüências do estresse no quadro a seguir.

É coisa muito séria, não? Então você não pode deixar de combater o estresse. Mas você pode estar-se perguntando como fazer isso se está sempre sendo submetido às pressões do dia-a-dia...

Males que podem ser causados pelo estresse

- Doenças Cardiovasculares: a sobrecarga do organismo aumenta o risco de enfarte e derrame;
- Diabetes: liberação extra do açúcar;
- Câncer: a baixa imunidade facilita o aparecimento de tumores;
- Doenças do Pulmão: baixa oxigenação provocada pelo respiração mais rápida.

Falta de Atenção e Concentração; Impaciência; Baixa Auto-estima; Negligência; Irritabilidade; Agressividade; Absenteísmo etc.

Tudo isso está relacionado com nossa qualidade de vida, que também é uma conquista a ser desenvolvida, com nossa participação direta, mudança de postura e de comportamento.

Você deve identificar sinais de estresse como aceleração da respiração, aumento do suor, tensão muscular, dores musculares, estimulação dos sentidos de uma forma geral. Então, observe-se melhor...

Preste atenção em você e em como seu corpo reage às situações...

Preste atenção na conexão mente-corpo.

Divida a ansiedade com alguém e se sentirá melhor.

Aprender a relaxar durante o trabalho ou fora dele é uma boa tática para evitar o estresse. Fazer alguns alongamentos, respirar profundamente por várias vezes, ouvir uma música suave, tomar um cafezinho; enfim, qualquer coisa que lhe tire do momento difícil e permita que você reflita e medite um pouco melhor.

O líder tem que se preocupar consigo mesmo se pensa em se preocupar com os outros. Se você não estiver bem, será mais difícil fazer com que os outros se sintam bem. Nós refletimos o que sentimos, muitas vezes sem sequer percebermos.

É a preocupação com a sua qualidade de vida que estará em jogo no seu dia-a-dia e na sua busca por liderar pessoas e situações. Cuide-se primeiro para depois cuidar dos outros. Mas cuide-se física, emocional e até espiritualmente. Cultive bons hábitos e compartilhe-os com seus colegas.

Veja o que sintetizamos para você retirado de nosso livro *Vivendo e Aprendendo: melhorando seus relacionamentos na vida e no trabalho*, no capítulo sobre qualidade de vida.

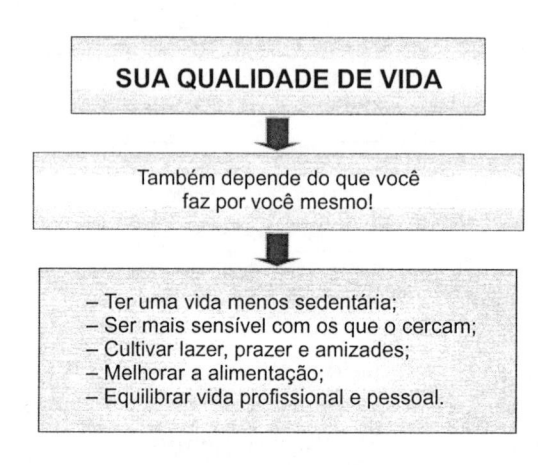

SUA QUALIDADE DE VIDA

⬇

Também depende do que você faz por você mesmo!

⬇

- Ter uma vida menos sedentária;
- Ser mais sensível com os que o cercam;
- Cultivar lazer, prazer e amizades;
- Melhorar a alimentação;
- Equilibrar vida profissional e pessoal.

Parece tudo muito obvio, não acha? Mas o problema é que, com as pressões do tempo e de decisões, terminamos negligenciando nossa qualidade de vida. E um líder tem que ser líder de si mesmo!

Praticar sensibilidade, ter uma vida menos sedentária, cultivar lazer, prazer e amizades, melhorando sua alimentação, já são grandes atitudes que um líder não pode negligenciar.

Quantos grandes executivos, líderes destacados em nossa organização ou que conhecemos por aí, têm problemas advindos do estresse e de uma má qualidade de vida?

Isso não é o que você pretende, é? Então, busque não se esquecer do equilíbrio da balança, você-família-trabalho.

Para se tornar um líder, você precisará, primeiro, promover seu autodesenvolvimento.

Mas o que vem a ser autodesenvolvimento?

Autodesenvolvimento é resultado de sua busca por verdades interiores, com consciência das dificuldades que o cercam e os desafios de querer tornar-se um líder, ou seja, fé em que, esforçando-se e se dedicando a mudar uma situação não favorável, você conseguirá atingir seus objetivos.

Agindo assim, você conseguirá descobrir quem você é, verdadeiramente, e o que realmente deseja atingir. Poderá, então, pensar em se transformar em líder a partir daí.

Entenda a figura abaixo, iniciando sua leitura de baixo para cima, ou seja, pelo que você pretende: **tornar-se um líder**. Mas saiba que também é necessário dominar tudo que está acima.

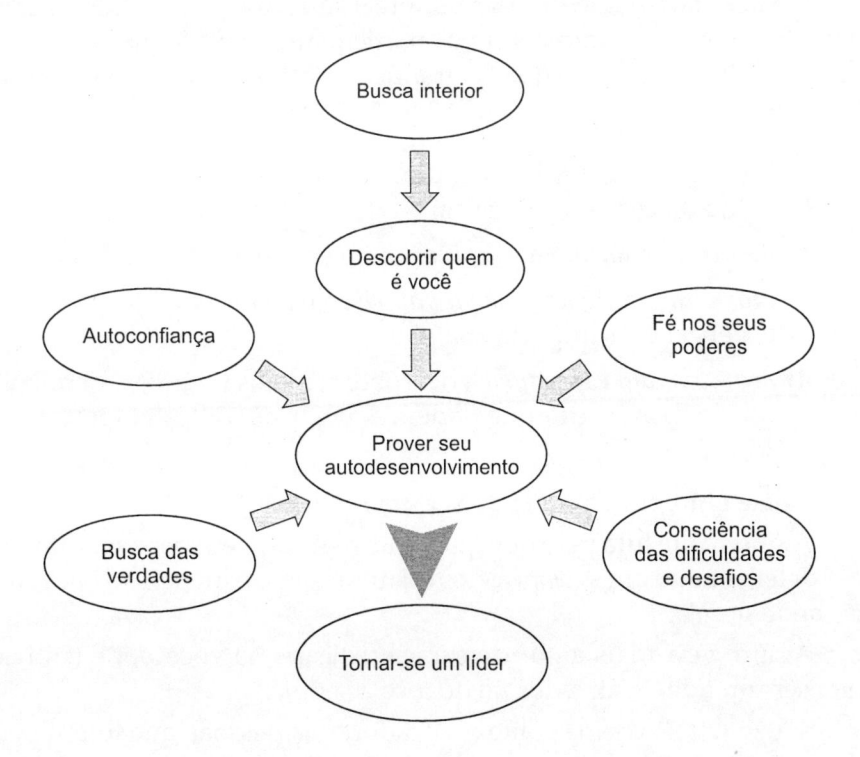

Deu para entender?

Portanto, não se esqueça: para se tornar um líder, você precisa promover seu autodesenvolvimento, que necessariamente parte da busca interior, autoconfiança e fé em si mesmo.

Sendo líder ou não, quem está comandando uma situação tem grandes dificuldades em descobrir e escolher alternativas que venham resolver a situação pela qual está passando. Mas precisamos estar consciente de que nenhum de nós é tão inteligente quanto todos nós juntos, como afirma Bennis (1999), e os problemas que enfrentamos são complexos demais para serem resolvidos por uma única pessoa.

A solução é reunir várias pessoas, com várias experiências, capazes de tratar do problema pelo prisma de mentes complementares, unidas por um único propósito, fazendo uma verdadeira parceria.

O autor defende que os líderes variam muito em estilo e personalidade. Alguns são facilitadores; outros, realizadores, e outros, desafiadores. Mas, independente do tipo, precisam saber que a liderança é, inevitavelmente, dividida entre os participantes em momentos distintos. E os líderes possuem quatro grandes características comportamentais comuns:

a) *oferecem orientação* – lembram o que é importante e que o trabalho deles faz a diferença;

b) *inspiram confiança* – confiança no grupo em si e no líder;

c) *mostram tendência à ação, ao risco e à curiosidade* – senso de urgência e de importância;

d) *promovem a esperança* – descobrem meios tangíveis e simbólicos de demonstrar que podem superar os contratempos.

Pense também na idéia de ser um realizador...

Alguém que luta pelo que quer, que tem coragem para ser diferente, é determinado em seus projetos criativos e age com paixão para chegar onde deseja.

Assim, veja mais algumas características que você pode cultivar para ser um líder realizador no quadro a seguir.

Souza (2003) define como realizadores as pessoas que lutam pelo que querem. São pessoas que, além de serem criativas, determinadas e corajosas, são apaixonadas pelo que querem fazer. Para conseguir o que querem, elaboram projetos, hierarquizam e priorizam sonhos. Também montam parcerias, identificando talentos para os ajudarem nos projetos, pois colocam foco na sua ação e valorizam relacionamentos duradouros.

HÁ UM TIPO DE PERSONALIDADE CARACTERÍSTICA DO LÍDER?

Realizadores ...		
Montam parcerias	Não-acomodados	Articulam recursos e meios
Determinados	Lutam por causas	Identificam talentos
Criativos	Têm foco	Convergem no essencial
Apaixonados	Corajosos	
Elaboram projetos	Buscam sua sorte	Elaboram projetos
Hierarquizam sonhos	Valorizam relacionamentos	Têm valores motivacionais

Baseado em Souza, 2003

Para muitos é mais cômodo "fingir-se de morto" e simplesmente obedecer às ordens...

Se você é um desses, então desista de continuar esta leitura, pois ela está destinada aos que acreditam que são capazes de mudar a si e as situações por onde passam...

De Pree (1999) nos ensina que devemos olhar para dentro de nós e colocar nossas casas pessoais em ordem, ou seja, temos que saber quem somos. Isso é muito difícil, mas quando somos seguidores de alguém que não sabe o que realmente é, logo identificamos isso.

Para ele, o líder é que dá o tom da qualidade dos relacionamentos. Se ele não se importa com essas qualidades, todos logo o imitarão. Mas se ele se preocupa, de verdade, todos perceberão e agirão da mesma forma.

Como tentamos mostrar para você neste capítulo, não há um único tipo de personalidade que seja exclusiva de líderes. São algumas características que se sobressaem. É a mistura de características diversas que o levarão a ser um líder.

Conhecendo-se bem, você poderá desenvolver determinados traços de personalidade que irão permitir sua transformação em líder, ou a melhoria de sua performance como líder.

10

Aprenda a Cultivar Certas Práticas para Ser Um Líder Eficaz

Quando estamos lendo algum artigo, dependendo de quem o escreveu, depositamos maior ou menor credibilidade às informações ali contidas. Desta forma, temos algumas lições de três grandes presidentes dos Estados Unidos, citadas por Goodwin (1999), autora de diversos livros. Ela sintetiza grandes lições que os presidentes Lyndon Johnson, John Kenedy e Franklin Roosevelt nos mostraram através das suas gestões:

a) **O senso de oportunidade é (quase) tudo** – saber quando deve lançar uma idéia, uma iniciativa e quando se conservar longe é uma habilidade essencial;

b) **Tudo é possível se você compartilhar a glória** – dividir o sucesso e os créditos é o meio mais fácil de atingir resultados;

c) **A confiança uma vez quebrada, raramente é restabelecida** – nenhum líder pode admitir que sua palavra seja considerada leviana;

d) **A liderança está relacionada à construção de ligações** – os líderes fazem com que as pessoas participem de problemas comuns;

e) **Os líderes aprendem com seus erros** – precisam admitir, compreender e corrigir seus defeitos;

f) **Confiança** – não só em si mesmos, mas também no talento dos outros;

g) **Parcerias eficazes requerem dedicação aos parceiros** – isso irá fortalecer o compromisso energético entre líder e liderados;

h) **A renovação vem de muitas fontes** – os líderes precisam encontrar suas próprias fontes de energia e de satisfação;

i) **A linguagem é a ferramenta mais poderosa** – a comunicação é essencial para o líder chegar junto aos seus liderados no momento certo.

Em passagens anteriores deste livro, já falamos sobre muitos desses aspectos. Mas é sempre importante sabermos quê grandes líderes compartilham nossos argumentos, não é?

Mintzberg (2004) é um professor canadense muito respeitado por seus estudos sobre o trabalho gerencial e estratégia. Defende que você tem de entender a si mesmo. E define dois tipos de pessoas, mas afirma que o líder não pode ser nem um nem outro; **o líder tem que combinar os dois lados para ser um verdadeiro líder**:

a) *pessoas-espelho* – que só vêem reflexos de si mesmas, não importa para onde olhem;

b) *pessoas-janela* – que só se mostram para os outros, mas não têm nenhuma introspecção.

Leia cada uma das práticas de desenvolvimento integral abaixo e reflita quantas delas você utiliza no seu dia-a-dia... Só aceite um percentual de desempenho acima dos 80%.

O profissional ideal deve:
- Cuidar do corpo
- Cuidar do espírito
- Não deve parar de estudar
- Se divertir
- Cuidar da família
- Trabalhar

Desenvolvimento integral

Baseado em Mussak, 2003

Se ainda não o atingiu, trate de mudar.... Só você poderá buscar aumentar esse percentual e melhorar seu nível de efetividade em liderança.

Você pode já estar pensando: mas existe um profissional ideal?

Da mesma forma que não existe um líder ideal, então também não existe um profissional ideal...

Mas Mussak (2003) defende que se você busca um desenvolvimento integral, cuidando da parte profissional, de sua formação, do seu corpo, do seu espírito, da sua família, e ainda mais da sua vida, divertindo-se e buscando ser feliz, você será um profissional ideal.

Ele defende que temos de ser autoconfiantes em nosso potencial e nossos desejos para termos uma maior percepção de mundo e das pessoas.

Temos que estar ligados tanto às qualidades técnicas, como às humanas, para podermos ser o que ele definiu como METACOMPETENTE, já mencionado anteriormente.

Reflita:

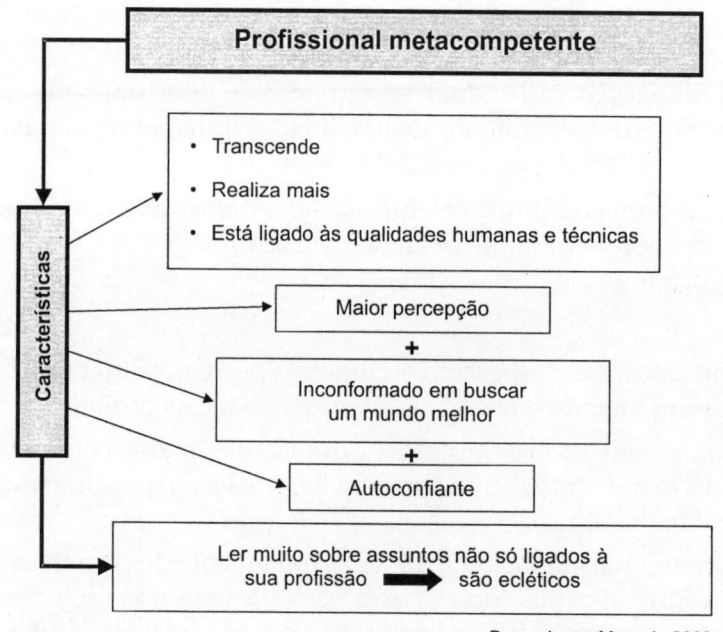

Profissional metacompetente

Características:
- Transcende
- Realiza mais
- Está ligado às qualidades humanas e técnicas

Maior percepção
+
Inconformado em buscar um mundo melhor
+
Autoconfiante

Ler muito sobre assuntos não só ligados à sua profissão ➡ são ecléticos

Baseado em Mussak, 2003

O metacompetente realiza mais do que os demais profissionais. Preocupa-se em buscar um ambiente melhor, transcende as expectativas, busca perceber as pessoas como elas realmente são, e procura, além de estar atualizado, ser eclético e conhecer diversos assuntos.

Cultivar o orgulho é mais um conselho interessante de Katzenbach (2004), consultor americano especialista em trabalho em equipe, quando afirma não haver nada que dê mais motivação para o alto desempenho que o orgulho.

Para ele, o sucesso traz reconhecimento que instila uma nova dose de orgulho pessoal e o ciclo vai-se repetindo. Orgulhar-se das pessoas com as quais você trabalha poderá levá-lo a conquistar o respeito delas. Destaca **cinco modos de motivar o desempenho**:

a) **missão, valores e orgulho coletivo** – aproveitar histórias bem-sucedidas de realizações para dar credibilidade e ímpeto motivacional a aspirações e a valores atuais;

b) **processo e métrica** – garantir clareza e coerência dos números nos quais as pessoas de toda a organização devem-se concentrar;

c) **espírito empreendedor** – motivar-se em criar algo bem-sucedido;

d) **realização individual** – criar muitas oportunidades para os profissionais dotados de habilidades indispensáveis se realizarem e crescerem como indivíduos;

e) **reconhecimento e celebração** – dar ênfase a festas de reconhecimento, muita publicidade para as premiações e para injetar o orgulho.

Portanto, para despertar o orgulho nas pessoas, o líder precisa obter o comprometimento emocional, e não apenas a concordância racional.

Quando eu estou comprometido emocionalmente com uma tarefa ou objetivo, me esforço em fazer o melhor possível, pois isso me deixará feliz e realizado.

A concordância racional é apenas um vínculo de responsabilidade e obrigação com o trabalho ou tarefa, sem que realmente acredite na importância e nos resultados esperados. Apenas cumpre a obrigação.

APRENDA A CULTIVAR CERTAS PRÁTICAS PARA SER UM LÍDER EFICAZ

Para que você consiga um comprometimento emocional dos seus liderados, precisará "afagar seus egos", buscando estimular a lembrança de boas jornadas; celebrando cada pequena vitória; repetindo as histórias de sucesso como pontos de referência que simplifiquem a tarefa e muitas outras ações que façam as pessoas se sentirem reais participantes e realizadoras.

Urich (2004) é outro professor especialista no estudo da liderança e nos salienta a importância de o líder conseguir atingir resultados. Ele precisa estabelecer certos rumos, conforme a figura abaixo.

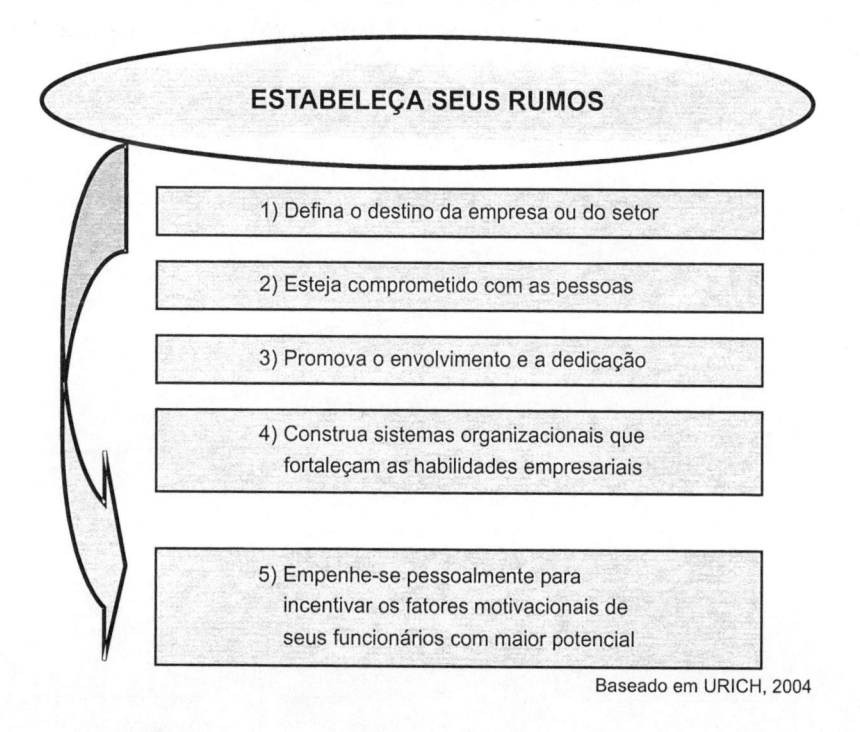

ESTABELEÇA SEUS RUMOS

1) Defina o destino da empresa ou do setor

2) Esteja comprometido com as pessoas

3) Promova o envolvimento e a dedicação

4) Construa sistemas organizacionais que fortaleçam as habilidades empresariais

5) Empenhe-se pessoalmente para incentivar os fatores motivacionais de seus funcionários com maior potencial

Baseado em URICH, 2004

Uma das práticas que Meléndez (1996) cita é o "comportamento de professor". Isso até nos emocionou, por sermos professores e por estarmos constantemente lidando com alunos.

Em mais de 20 anos no magistério, sempre buscamos trabalhar com nossos alunos de Administração, em todas as iniciativas que tivemos, à frente da coordenação do curso, ou em outros cargos gerencias que ocupamos na Universidade Federal de Pernambuco, onde somos professoras.

O que será que tem de especial no comportamento de professor salientado pela autora?

É o comportamento de paciência, persistência, busca de atenção e de transmissão, não apenas de conhecimentos científicos, mas de experiências de vida, também vividas em conjunto, e, com o passar dos anos de universidade, vemos cada um de nossos "pupilos" crescer....

Vemos, sentimos e participamos de um real desenvolvimento pessoal e profissional desses "pupilos", que, não sendo nossos subordinados ou funcionários, estão, da mesma forma, ávidos por uma liderança que os guie para a vida profissional escolhida, servindo de exemplo, com perseverança e muita compreensão das suas dificuldades e imaturidades.

Mas, para conseguirmos isso, precisamos estar bem e com muita energia para persistirmos, mesmo frente aos obstáculos que são muitos...

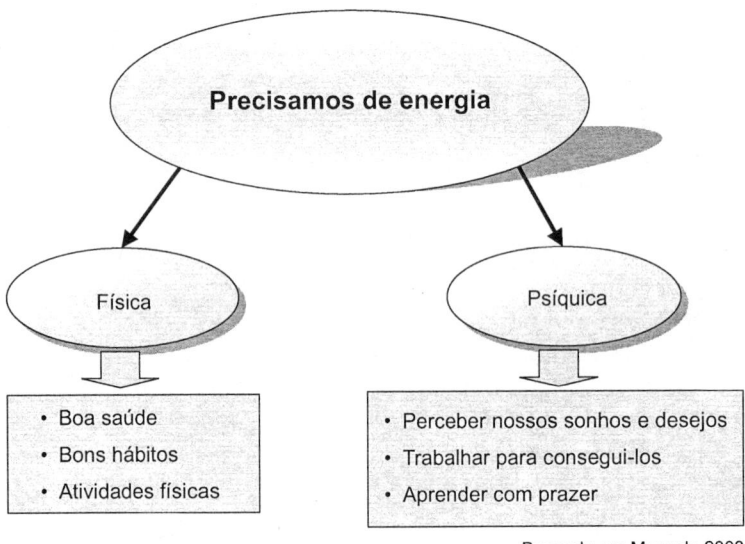

```
                    Precisamos de energia
                    /                    \
                Física                  Psíquica
                  ↓                        ↓
         • Boa saúde              • Perceber nossos sonhos e desejos
         • Bons hábitos           • Trabalhar para consegui-los
         • Atividades físicas     • Aprender com prazer
```

Baseado em Mussak, 2003

Para você ser líder de alguém, precisa, primeiro, ser líder de si próprio e ter alguns comportamentos especiais. Inicialmente, é necessário olhar dentro de si mesmo para conhecer suas limitações e medos e assim poder combatê-los. Quanto mais se aceitar, mais fácil será aceitar as outras pessoas e compreendê-las.

O ideal seria que cada líder pudesse ensinar a outros líderes seus valores e compromissos, como ser íntegro, digno de confiança, demonstrar alta competência, saber superar resistências, e, ainda, que os líderes olhem nos olhos das pessoas e digam que precisam delas para chegarem aonde desejam (Tichy, 1999).

Para você fazer a diferença, precisa ter autoconfiança para se deixar ser vulnerável aos outros, compartilhando seus erros, suas dúvidas, como, também, as realizações.

Aprenda a compartilhar sua vida com os outros sem querer mudá-los. Aceite que há pessoas diferentes de você, e, nem por isso, elas estão erradas, são melhores ou piores...

Perceba que ser diferente não é ser errado.

Veja como acreditamos que você pode viver melhor:

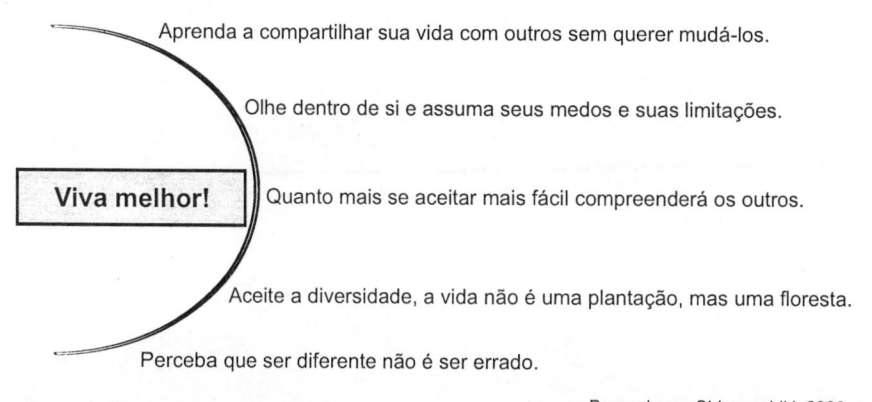

- Aprenda a compartilhar sua vida com outros sem querer mudá-los.
- Olhe dentro de si e assuma seus medos e suas limitações.

Viva melhor!

- Quanto mais se aceitar mais fácil compreenderá os outros.
- Aceite a diversidade, a vida não é uma plantação, mas uma floresta.
- Perceba que ser diferente não é ser errado.

Baseado em Shinyasshiki, 2003

11

E AS MULHERES SÃO MELHORES LÍDERES OU NÃO?

Entramos agora em um terreno minado...

Se você é homem, já respondeu que obviamente as mulheres não são melhores coisa nenhuma...

Mas, se você é mulher, já acha que pode ser melhor sim, pelo menos em algumas situações.

Na verdade, não há uma resposta definitiva para isso. Lemos muito, estudamos muito e pesquisamos também, mas não temos uma resposta para essa pergunta.

Há diversas características femininas que estão sendo consideradas como importantes para a gestão moderna, mais participativa, emocionais e relacionais, mas também não podemos esquecer que o modelo de gestão organizacional preponderante no ocidente, neste século XXI, é o modelo masculino competitivo, dominante, assertivo e muitas outras características que tanto conhecemos.

Há diversos autores (Wilson, 1996; Tata, 1998; Linstead, 2000; Marshall, 2000; Martin, 2000; Primecz, 2000) que estão questionando a maioria das teorias das organizações porque estão calcadas apenas na realidade masculina, não tendo analisado a mulher como líder. Afinal, no século passado, quase não tínhamos mulheres ocupando essa posição.

A grande maioria dos estudos sobre a diferença de gênero é americana e européia, mas, no Brasil, já temos alguns estudos sobre a situação da mulher em cargos de direção, no final do século XX.

Silva (2000) afirma que as diferenças entre homens e mulheres envolvem quatro grandes aspectos, conforme o quadro a seguir.

Aspectos que envolvem as diferenças entre homens e mulheres

- A masculinidade se define pela separação, e a feminilidade, pelo apego
- A mulher é mais sensível às necessidades dos outros e se coloca no lugar deles
- A mulher pode criar futuras gerações de homens mais sensíveis a partir da educação dos filhos
- A mulher tem maior preocupação com os relacionamentos e esta é sua grande força

Baseado em Silva, 2000

As diferenças entre homens e mulheres são físicas e comportamentais. Talvez, as diferenças físicas sejam mais facilmente identificadas, mas algumas neurológicas e cerebrais só agora estão sendo descobertas pela ciência.

Rodick (2004) é uma mulher empreendedora, dona da *The Body Shop*, uma grande empresa de produtos de beleza, que ainda não tem franquia no Brasil, com responsabilidade social elevada e qualidade reconhecida internacionalmente. Acredita que a mulher é diferente, ótima em formar equipes, não gosta de hierarquia e valoriza a administração participativa. Afirma que o melhor das mulheres é que elas são emocionais, porque sabem como e onde demonstrar essa emoção. E nos dá alguns conselhos (agrupados no quadro abaixo) para sermos empreendedores, e podemos usá-los para sermos líderes também.

CONSELHOS PARA SER UM LÍDER EMPREENDEDOR

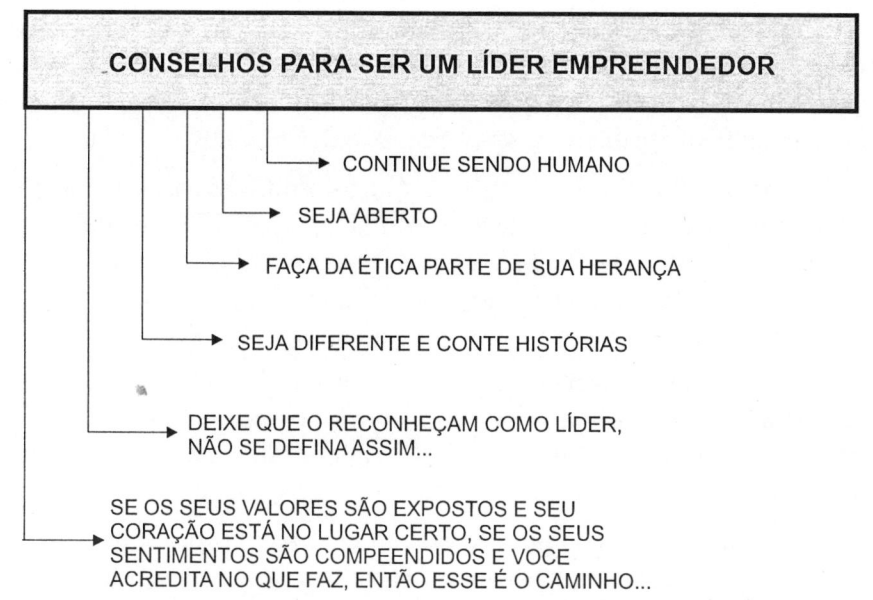

- CONTINUE SENDO HUMANO
- SEJA ABERTO
- FAÇA DA ÉTICA PARTE DE SUA HERANÇA
- SEJA DIFERENTE E CONTE HISTÓRIAS
- DEIXE QUE O RECONHEÇAM COMO LÍDER, NÃO SE DEFINA ASSIM...
- SE OS SEUS VALORES SÃO EXPOSTOS E SEU CORAÇÃO ESTÁ NO LUGAR CERTO, SE OS SEUS SENTIMENTOS SÃO COMPEENDIDOS E VOCE ACREDITA NO QUE FAZ, ENTÃO ESSE É O CAMINHO...

Baseado em RODICK, 2004

Os líderes precisam ser éticos. Pensar em transmitir a ética como herança é muito interessante e profundo. Poderíamos ter algo melhor para deixarmos de herança?

Ser diferente exige coragem, audácia e vontade de inovar. Características importantes para um líder que precisa achar soluções diferenciadas para situações complexas, principalmente quando envolvem pessoas.

E a empresária defende que a mais importante qualidade de um líder seria "ser reconhecido", que é, na verdade, a credibilidade por ele conquistada em suas ações e decisões.

Você acreditar no que faz, seguindo seu coração e sentimentos, também é uma importante postura que sem dúvida favorece o processo de liderança.

O que temos, atualmente, é uma pressão feminina para conseguir subir na hierarquia das empresas, pois as mulheres estão se capacitando cada dia mais. Na verdade, lutam, a cada dia, para galgar postos de comando antes só ocupados por homens.

A briga é feia, mas a mulher vem lentamente provocando mudanças. Já temos organizações que são comandadas por mulheres, criadas por elas, e com quadro de funcionário composto apenas por mulheres.

No Brasil, o Censo 2004 mostrou que as mulheres casadas que trabalham fora aumentaram de 28,4%, em 1991, para 37,7%, em 2000. Destas, 53,3% são responsáveis pelos seus lares, contra 46,2% em 1991. Mas as mulheres continuam recebendo menores rendimentos que o dos homens, em 73,5%.

Notamos alguns aspectos interessantes no trabalho feminino, como a sua presença forte no setor terciário, uma alta associação entre escolaridade e trabalho, em que as mais instruídas trabalham maciçamente fora.

Pavan (2003), psicóloga que estuda o universo feminino, afirma que características femininas são muito valorizadas no mundo empresarial: organização, criatividade, capacidade de delegar e harmonização dos ambientes, favorecendo um bom clima entre os funcionários, com transparência. Para ela, as mulheres têm dentro de si essas características, precisando resgatá-las, e os homens precisam desenvolvê-las com abertura e receptividade.

O que estamos vendo, na atualidade, é a mulher começando a lutar; não para se igualar aos homens, mas para poder exercer suas atividades com mais abertura e relacionamento.

Há um discurso de interação entre homens e mulheres nas organizações, mas, segundo pesquisa realizada no Brasil por Vilas Boas, Paula Neto e Cramer (2003), o que eles perceberam foi uma ambigüidade, pois, na verdade, identificaram um discurso de competição constante, em vez do companheirismo declarado.

Reforçam, ainda mais, a não aceitação da mulher como companheira de atividade, por parte dos homens, e a necessidade de elas estarem sempre provando sua capacidade.

Os autores perceberam o surgimento de uma mulher cada vez mais forte e consciente perante o mercado de trabalho. Em contraposição, o homem se manifesta de forma a não percebê-la, ou a não querer reconhecer o potencial feminino, fazendo com que as relações de gênero se manifestem subjetivamente, dentro do contexto social de trabalho.

Na gestão, as mulheres cultivam um clima mais brando, mais preocupado com os relacionamentos interpessoais, com contatos diretos e com mais emoção, diferentemente dos homens, que são mais agressivos (Oslnad, Sunder & Hunter, 1998).

O jeito feminino de comandar não é exclusividade das mulheres, mas elas são maioria. Usa uma rede de conexões, relacionamentos e trocas, em oposição ao modelo tradicional masculino, de ditar ordens e estar no centro das atenções.

A mulher, por ser educada de forma diferente dos homens, voltada a uma vida mais tranqüila, à responsabilidade com a criação e educação dos filhos, estaria mais preparada para liderar pessoas.

Segundo Kouzes &Posner (1991), as mulheres conseguem uma liderança que busca encorajar o coração das pessoas, ou seja, são mais empenhadas em manter viva a esperança e a determinação, reconhecendo a contribuição dos subordinados, gratificando os esforços e comemorando os acontecimentos importantes para a equipe, fazendo com que se sintam como "heróis".

Isso tudo nos leva a pensar que se a mulher é mais relacional, ou seja, sabe se relacionar melhor com as outras pessoas, com opiniões diferentes, com posicionamentos contraditórios, então esse comportamento é importante para ser seguido.

Já afirmamos anteriormente que, para liderar uma equipe, você precisa ouvir os outros, acreditar no potencial das pessoas, desafiá-las, ajudá-las a decidirem e a conquistarem objetivos juntos. Se isso é mais facilmente praticado pelas mulheres, os homens precisam buscar praticar também.

A consciência de que as pessoas são diferentes e de que a diversidade não é ruim, nem para o líder, e muito menos para a organização, é prática muito importante para quem quer liderar uma equipe.

Precisaremos de comportamentos desejáveis, que as mulheres podem ter mais facilidade de desenvolver conforme quadro a seguir:

Comportamentos desejáveis do líder mais visíveis na mulher

- Conseguir harmonia da equipe
- Ser fonte de poder popular e aberta
- Cultivar o poder lateral e não hierárquico
- Cuidar bem da imagem
- Ter facilidade de se comunicar
- Ser confiável
- Leal
- Agregativa

Adaptado de Caixeta, 1999

A sensibilidade feminina é outro ponto a favor das mulheres... Buscar entender as diferenças dos outros lhe ajudará a compreendê-los e a liderá-los.

As mulheres sabem trabalhar melhor em equipe e realmente se interessam pelas pessoas à sua volta. Mais um ponto forte para elas.

As mulheres usam mais a intuição que os homens. Este aspecto as ajuda a reduzirem o excesso de racionalização de algumas decisões que precisam levar em conta outros aspectos, como o fator emocional das pessoas, individualmente, e de toda a equipe.

Poderíamos dizer, ainda, que o exercício da liderança pode ser visto como paternal ou maternal, e que a tendência seria de um estilo que use mais a persuasão e a sedução, reconhecendo o desempenho das pessoas e proporcionando um ambiente de maior êxito (Belle, 1991).

As mulheres teriam mais facilidade em aceitar que têm dúvidas e a ajudar os outros, sendo um fator positivo para sua posição de liderança (Jones, 1998).

As mulheres são menos dirigidas pela competição que os homens, quando ocupam posições gerenciais e são percebidas diferentemente por seus subordinados (Lipman-Blumen, 1999).

O que podemos deixar bem claro para você é que no mundo atual de rápidas mudanças, o jeito feminino de liderar, encorajando a participação, dividindo informações e poder, e encorajando a auto-estima dos outros, é uma vantagem competitiva (Rosener, 1999).

Precisamos cultivar hábitos e costumes masculinos e femininos para podermos melhor liderar as pessoas. E, nas organizações, precisamos de homens e mulheres no comando para que possamos multiplicar nossas potencialidades e responder às demandas.

Talvez o que realmente influencie no comportamento de homens e mulheres não seja o sexo em si, mas as regras de comportamento e conduta impostas na nossa sociedade.

Na nossa pesquisa de tese de doutorado (Amorim, 2001), utilizamos um instrumento para medir as práticas de liderança mais utilizadas por gestores de pequenas e médias empresas comerciais de um dos maiores shoppings center do Brasil, com mais de 500 lojas. Entrevistamos 200 gestores e 400 colaboradores.

O segmento comercial de shopping center é preponderantemente comandado por mulheres, numa proporção de 60% em nossa amostra. Os funcionários também são em sua maioria mulheres, mas em proporção um pouco menor, com 58% mulheres.

A análise foi desenvolvida a partir da percepção do próprio líder sobre como ele se comporta no processo de liderança, em relação a cinco grandes práticas de liderança, baseado no questionário LPI *(Leadership Practices Inventory)*, de Kouzes e Posner (1991), adaptado para nossa realidade. Abaixo, sintetizamos as cinco práticas de liderança analisadas no questionário:

- **Desafiar o processo** – buscar desafios, encarar o desconhecido, assumir riscos, buscar formas inovadoras e melhores para fazer o trabalho, desafiar o sistema e inovar;
- **Inspirar uma visão compartilhada** – prever o futuro e enxergar os resultados antes de começarem seus projetos. Criar um ideal e uma única imagem da organização, usando o magnetismo e a persuasão. É conseguir que os outros comprem seus sonhos;
- **Capacitar os outros para ação** – cultivar a colaboração, construir equipes, com respeito, criando uma atmosfera de verdade e dignidade. Fortificar, envolver e delegar autoridade. Consegue fazer com que os outros se sintam fortes, capazes e comprometidos;

- **Modelar o caminho** – criar padrões de excelência e se comportar como exemplo, com persistência e consistência à visão, crenças e valores;
- **Encorajar o coração** – buscar manter viva as esperanças, gratificando os esforços, comemorando datas e acontecimentos importantes. É amar o que faz e buscar que os outros se sintam como heróis.

Os resultados de nossa pesquisa indicaram que, em relação aos gestores, não percebemos diferenças significativas entre as práticas de liderança dos homens e das mulheres na gestão das empresas.

As análises estatísticas não revelaram diferenças entre as percepções dos gestores e seu sexo, apesar de as mulheres terem-se atribuídos médias mais elevadas que os homens, em todas as práticas.

Ou seja, indiferentemente de serem homens ou mulheres, o uso das práticas seguiu uma mesma lógica, sendo a prática *"capacita os outros para a ação"* a mais utilizada pelos gestores, e a *"desafia o processo"*, a menos utilizada. A figura a seguir sintetiza a distribuição de freqüência das médias dos líderes-gestores por sexo, na nossa amostra de pesquisa.

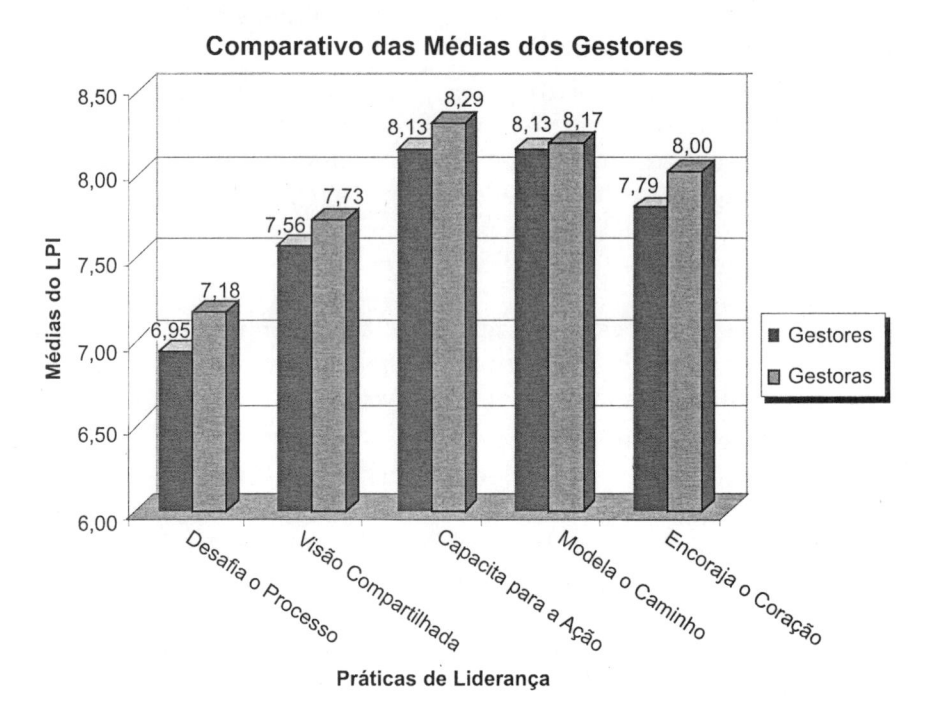

Comparativo das Médias dos Gestores

Práticas de Liderança	Gestores	Gestoras
Desafia o Processo	6,95	7,18
Visão Compartilhada	7,56	7,73
Capacita para a Ação	8,13	8,29
Modela o Caminho	8,13	8,17
Encoraja o Coração	7,79	8,00

Médias do LPI

Isso nos sugeriu que os líderes pesquisados são muito preocupados com sua equipe de trabalho, buscam fortificar laços e criar um bom clima de trabalho. Além disso, buscam criar padrões de comportamento e serem exemplos nas ações e nas decisões.

A prática de liderança menos utilizada pelos líderes gestores de nossa amostra foi *"desafiar o processo"*, mostrando que não são muito inovadores e não buscam mudar o sistema vigente, mantendo-o e situando-se em uma "zona de conforto".

Entre os colaboradores, os resultados não foram os mesmos. Foi interessante constatarmos que, independente de terem o mesmo sexo do líder, analisaram as práticas de liderança de forma diferenciada. Ou seja, quando o sexo dos liderados era o mesmo do líder, obtivemos respostas diferentes em como eles percebiam seu líder, e em como o próprio líder se percebia. Sempre que havia mulher entre os liderados, obtivemos percepções diferenciadas do comportamento do seu líder.

Na análise estatística dos gestores, diferenças significativas foram detectadas para todas as práticas de liderança quando havia mulheres entre as suas colaboradoras, ou seja, eram só mulheres ou mulheres e homens.

Os colaboradores quando eram somente homens, independente do sexo dos seus gestores, atribuíram médias mais baixas aos gestores.

Também identificamos em nossa amostra que, quando os colaboradores têm o mesmo sexo dos seus gestores, eles são mais críticos em suas análises sobre as práticas de liderança na gestão, podendo sugerir a possibilidade de que conflitos interpessoais sejam mais freqüentes nestes grupos.

As mulheres gestoras foram mais bem avaliadas quando não tinham colaboradores do mesmo sexo. E os homens, quando o grupo de colaboradores era misto: homens e mulheres. Nestes grupos, não identificamos diferenças entre a percepção dos gestores e colaboradores nas práticas gerenciais de liderança.

Tais resultados nos sugerem que as práticas de liderança desenvolvidas pelas mulheres na gestão sejam mais bem avaliadas quando seus subordinados são todos homens. O que não ocorreu com os homens na gestão, que foram mais bem avaliados em suas práticas de liderança quando seus subordinados eram homens e mulheres.

Essas diferenças de análise da gestão pelos colaboradores podem facilitar ou dificultar o processo de liderança na gestão organizacional.

Por isso, sugerem que deveriam ser consideradas nos arranjos institucionais, pois podem contribuir para a redução de conflitos intra e interorganizacionais, nível de comprometimento e integração entre gestor *versus* colaborador, que poderão, também, refletir nos resultados da ação gerencial e organizacional, como um todo.

A figura a seguir sintetiza os resultados das análises das práticas de liderança na visão dos colaboradores sobre seus gestores. Faça a leitura a partir do centro da figura, ou seja, dos colaboradores, analisando seus gestores.

**Comparativo das Práticas de Liderança
na Visão dos Colaboradores sobre os Gestores**

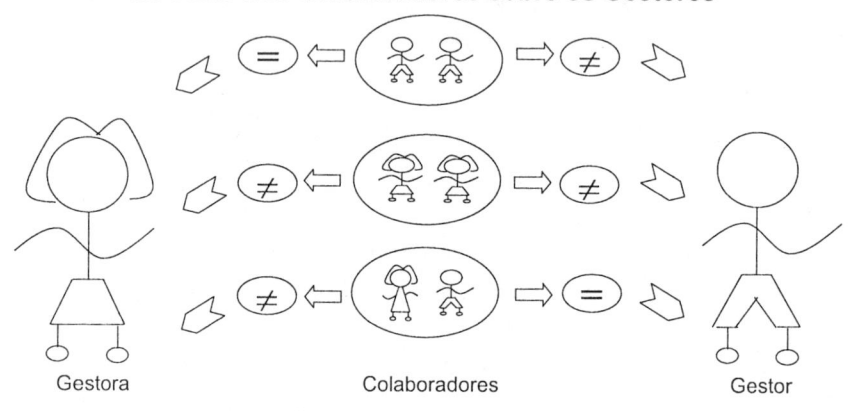

Gestora — Colaboradores — Gestor

Desta forma, estudos envolvendo a percepção dos gestores sobre o processo de liderança devem ser feitos, pois estas são muito semelhantes. Mas quando é incluída a percepção dos colaboradores, resultados diferenciados podem ser evidenciados, tornando-se importante subsídio para estudos comportamentais nas organizações contemporâneas. Além disso, os arranjos institucionais, incluindo diferenças de sexo e gênero, também nos sugerem que influenciam na lógica organizacional e em seu processo de gestão e de decisão.

Sabemos que os desafios a que as mulheres estão expostas, na maioria das organizações, são diferentes dos homens. Portanto, o contexto em que você atua é extremamente importante e significativo para apoiá-lo ou não no seu objetivo de se tornar um líder.

Talvez a maior contribuição das mulheres para nosso mundo, em constante mudança possa ser a insistência em quebrar o padrão, ou o "teto de vidro". Esta expressão é muito usada por diversos autores que analisam a mulher no trabalho, sendo definida como uma barreira invisível imposta pelos líderes no comando da organização, para a mulher subir ao topo organizacional, em vez de apenas se ajustar a ele.

O que podemos concluir para você é que há diferenças entre o líder homem e mulher, mas não há unanimidade em afirmarmos quais são as características em que essas diferenças ocorrem, e nem mesmo que aspectos influenciam, mais ou menos, na sua ação de liderança.

A cultura ocidental é vista como machista e com alguma resistência à mulher em posição de líder. Tudo é aparentemente mais fácil para o homem se tornar um líder, mas a mudança de valores e posturas está ocorrendo de uma forma gradual, um pouco lenta, mas sempre crescente, no Brasil e no mundo.

O final do século XX foi marcado por surgirem líderes mulheres nos mais variados segmentos, desde políticos até comerciais. A mulher, quanto mais se educa, mais luta por conseguir um espaço profissional reconhecido e destacado, e acreditamos ser este um caminho sem volta.

Mas as organizações precisam da visão masculina e feminina na sua gestão para conseguirem atender às demandas de ambos os sexos na nossa sociedade.

Portanto, independente de você ser homem ou mulher, procure seguir as dicas de como se transformar em um líder, que selecionamos neste livro, e chegue lá!

12

AFINAL, QUEM É O LÍDER BRASILEIRO?

Essa pergunta não poderia deixar de ser feita neste livro: afinal quem é o líder brasileiro? O líder que também ocupa uma posição de executivo organizacional, com cargos que vão desde gerentes até presidente. É uma pergunta de difícil resposta, pois, nosso país, com sua diversidade, tamanho e peculiaridades, estudos que enfoquem apenas uma das nossas regiões poderiam não representar o líder brasileiro.

Ao mesmo tempo, promover uma pesquisa que conseguisse abranger todas as regiões e de forma significativa também é algo difícil de se colocar em prática sem um grande aporte financeiro, de tempo e de pessoas. Desta forma, decidimos que iríamos analisar os dados da pesquisa nacional, realizada anualmente pela Você S/A (Edição Especial da Revista Você S/A), quando descreve as melhores empresas para se trabalhar no Brasil, em 2004, tendo destacado as 150 melhores.

Segundo os dados da pesquisa, oito em cada dez profissionais das melhores empresas para se trabalhar declararam-se felizes com o lugar onde trabalham. É um índice bastante significativo, com 82% de satisfação, tendo analisado dados de 120.000 executivos, em um total de 400.000 funcionários espalhados pelo Brasil.

As dez melhores empresas para se trabalhar, em 2004, estão na ordem do primeiro ao décimo lugar: Todeschini, Tigre, Landis+Gyr, Magazine Luiza, Redecard; Credicard; Promon, Randon; Zanzini e Belgo-Mineira (mais detalhes e as demais empresas estão disponíveis no site www.vocesa.com.br).

São empresas com média de 2.500 funcionários, a maioria localizada no Sudeste, 57% de capital nacional, seguidas por 30% de origem americana. Salientamos que, dentre as dez melhores empresas, o número de funcionários é um dos aspectos que nos chamou atenção, pois em seis delas temos menos de 1.000 funcionários, e o menor número de funcionários registrado entre elas foi 214. Já o maior número de funcionários foi cerca de 4.500. Participaram da pesquisa um total de 460 empresas, com mais de 4.000 depoimentos pessoais.

É importante salientar que as melhores empresas são as que mais investem em seus colaboradores, buscam um bom ambiente de trabalho, com políticas que visam credibilidade, respeito, orgulho, imparcialidade e camaradagem. Oferecem benefícios diferenciados e remunerações acima da média nacional, praticam a cidadania e ética corporativa, além de proporcionarem excelentes condições de desenvolvimento profissional para seus colaboradores. Além disso, ainda promovem campanhas que buscam o equilíbrio entre o trabalho e a vida pessoal de cada colaborador.

A primeira grande característica salientada na pesquisa é que o atual líder brasileiro, que ocupa uma posição de comando na empresa, não hesita em se aproximar de seu pessoal, indo no corpo-a-corpo com os colaboradores quando é preciso passar alguma importante informação. É uma pessoa que busca ser simpática e participa de atividades onde todos também estão, principalmente aquelas de lazer e relaxamento. Ouve seus colaboradores e dá *feedback*, mas está aberto a críticas e a novos treinamentos para se aperfeiçoar. Proporciona acesso aos funcionários e, com isso, sempre tem resposta às consultas que lhe são feitas, sejam elas positivas ou negativas. Consegue um clima de descontração e informalidade, mas na medida certa. Portanto, é acessível e mantém uma política de "portas abertas", ou seja, recebe qualquer um que deseje lhe falar.

A transparência no trato com os funcionários é outra característica peculiar do líder de sucesso no Brasil. Transmitir diretamente as informações aos colaboradores, sejam elas boas ou não. Reunir-se com os funcionários de todos os escalões periodicamente, e ouvi-los sem dificuldades e "cara a cara", também é outra característica marcante. Além de contar o que fez de certo e errado, aonde quer chegar e ouvir as perguntas mais difíceis. Acima de tudo, buscar falar a verdade e procurar encontrar, junto ao seu pessoal, um caminho a ser seguido é o lema de nosso líder. Acredita que a negociação eleva o envolvimento dos colaboradores porque eles participam dos projetos, defendem seus pontos de vista em conjunto e, assim, sentem-se co-responsáveis.

Como podemos ver, o líder brasileiro está fazendo questão de ser acessível, desde o nível de gerente até o presidente. Isto significa que os líderes brasileiros estão "saindo do pedestal" que os deixava distantes de todos os colaboradores e com muito prestígio para serem apenas admirados à distância. Ele está se colocando no mesmo plano dos demais colaboradores, o que, além de aproximá-los da realidade, facilita a comunicação e o diálogo aberto.

A época dos chefes fechados em sua sala, imponentes, e que não circulam regularmente pelos corredores, conversando com um e com outro, já passou. A proximidade dos líderes com os subordinados é considerada uma importante característica do nosso chefe-líder, entre as melhores empresas. Assim, as decisões são mais rápidas e sem muita burocracia.

Essas atitudes mais abertas ao diálogo e à comunicação bilateral levam a um bom clima de trabalho organizacional, com significativa redução de favoritismos e politicagens, pois as regras ficam mais claras, as pessoas mais solidárias, e há um movimento de ajuda mútua, que cresce e se consolida. A conclusão a que a pesquisa chegou é que, quanto mais próximo o presidente estiver de sua equipe, melhor é o nível de comunicação interna e a percepção, levando a uma melhor compreensão dos funcionários sobre a organização em que participam.

A credibilidade é outra característica muito importante para o líder brasileiro. Se ela não existe, a gestão fica penalizada e os resultados não são os melhores, tanto em termos de desempenho, como em clima organizacional. Mas esta característica ainda não é uma unanimidade, pois muitos funcionários responderam que seus superiores não eram totalmente confiáveis e que não permitiam a participação em algumas decisões que os envolviam diretamente.

Os líderes brasileiros de sucesso sabem que precisam se dedicar muito às suas organizações, mas, também, às pessoas com quem trabalham. Cuidar dos colaboradores, ser justo, tratá-los até mesmo como filhos, em alguns casos, são atitudes que levam ao comprometimento dos colaboradores, onde todos entendem a finalidade para qual estão trabalhando.

Os chefes que também são líderes de sucesso sabem colocar-se no lugar de seus colaboradores e, assim, compartilhar necessidades e angústias, sendo companheiros e considerados como pares. São humildes, pois muitos acreditam que a grandeza de espírito muitas vezes leva à felicidade, e não ao dinheiro. Conseguem que as pessoas que os rodeiam se importem umas com as outras, e as equipes troquem idéias entre si e busquem inovar. Acreditam que a organização e as pessoas são indissociáveis.

Outro aspecto salientado na pesquisa é que os líderes brasileiros de sucesso buscam realizar não apenas seus sonhos, mas os dos colaboradores também. Buscam alternativas financeiras, de benefícios e condições de saúde e lazer, que favoreçam a realização dos sonhos de todos, dentro e fora de suas organizações. O segredo talvez seja o contato pessoal, "arregaçando as mangas", rindo e chorando, mas, sobretudo, compartilhado as vitórias, ou seja, algo que vem de dentro para fora, em uma relação bilateral.

Como vemos, o nosso líder de sucesso está muito mais humanizado no tratar com seus colaboradores. Ele já não tem mais medo de se emocionar, permitindo-se demonstrar momentos de alegria, tristeza, e até raiva, solicitando ajuda dos que o cercam quando precisa.

Em cada uma das 150 melhores empresas para se trabalhar, seus líderes levantaram características organizacionais e gerenciais que acreditam ser sua marca registrada, as quais são muito fortes para uma reflexão quanto a esse novo líder de sucesso, que vem demonstrando uma postura mais amena, aberta e participativa.

A Todeschini, grande campeã segundo a pesquisa, baseia seu sucesso em "saber valorizar cada esforço de seus colaboradores". Quanto mais cada colaborador contribui para a empresa, melhor é sua remuneração.

A Tigre, segunda colocada, acredita no poder da comunicação interna e do livre acesso aos líderes como diferencial de sucesso. Ou seja, um estilo aberto de gestão que vem desde seu fundador.

A Siemens Metering, ou Landis Gyr, terceira colocada, busca a tranqüilidade de seus colaboradores, com "um estilo de gestão marcado pelo respeito aos funcionários".

O Magazine Luiza, na quarta posição, tem como seu diferencial fazer com que todos os colaboradores e gestores, parentes ou não, sintam-se um pouco donos da empresa. Seu sucesso vem dos colaboradores, que são retribuídos com um bom plano de benefícios e premiação.

A Redecard, quinta colocada, busca manter o alto astral dos seus colaboradores a todo custo. Nada deve abalar a proximidade dos líderes de seus subordinados, que é considerado seu ponto forte.

A Credicard, sexta posição no ranking das 150 melhores empresas para se trabalhar em 2004, mantém uma jovem equipe. Mesmo há dois anos sem presidente, sua equipe de gestores "toca o negócio em equilíbrio total".

A sétima colocada, Promon, empresa de serviços de engenharia e tecnologia, "renasceu num esforço de equipe", onde os funcionários e os gestores são os donos do negócio.

A Randon, que fabrica carrocerias e reboque, oitava no ranking, tem como seu ponto forte o ambiente de trabalho tão agradável, a ponto de fazer com que o próprio fundador da empresa desistisse de se aposentar.

A nona classificada, Zanzini, fábrica de móveis, pratica um modelo de gestão simplificado para que os funcionários possam trabalhar sem preocupações. A comunicação é direta, e tudo é decidido com agilidade e sem burocracia.

Já a Belgo-Mineira, décima colocada no ranking, é uma siderúrgica que tem como referência seus investimentos na formação de seus funcionários e um caprichado pacote de benefícios e remuneração. Apesar de ser uma grande empresa, o tratamento dos funcionários é pessoal, humano e individualizado.

Entre as demais, analisando cada uma delas, o ponto forte, na grande maioria, foi a preocupação com as pessoas que nelas trabalham, buscando um ambiente agradável, com liberdade, responsabilidade, descontração, transparência, confiança na gestão, comprometimento etc. Tudo isto acompanhado de um bom plano de cargos e salários, com benefícios progressivos, remuneração variável, oferecendo oportunidades de crescimento e desenvolvimento pessoal e profissional dos funcionários e gestores. Também foi muito salientada a preocupação com a qualidade de vida dos funcionários e gestores, buscando o equilíbrio entre trabalho e vida pessoal.

O trabalho em equipe, o orgulho de participar da empresa, a ética praticada em cada ação organizacional, a oportunidade de crescimento na carreira, a política de manutenção dos funcionários, evitando demissões, e a liberdade para criar novos projetos, além da busca por líderes na própria equipe, foram os aspectos mais salientados pelos líderes das melhores empresas em 2004.

Então, podemos dizer que os líderes de sucesso no Brasil são bons líderes de pessoas, sabendo tratá-las como pares, com respeito, dando chances de crescimento, com um clima descontraído de trabalho, buscando o bem-estar dos funcionários, para que todos possam usufruir o sucesso organizacional.

Adote esse comportamento e postura gerencial se deseja ser um líder de sucesso. Como está claramente descrito, não há nada de sobrenatural na ação dos líderes brasileiros de sucesso, mas sim uma gestão participativa, transparente e de valorização das pessoas que com eles trabalham.

Nossa Mensagem Final para Você

Este livro foi escrito com muito carinho e cuidado, buscando compartilhar nossas descobertas...

Depois de ler tudo que escrevemos, você está apto a ser um líder, se assim o desejar. Mas não esqueça que a liderança é um processo entre líder, liderados e o ambiente, muito mutável e exigente.

Terá que se esforçar para se autoconhecer, buscando reduzir seus pontos fracos, autoritários, egoístas e conservadores, se realmente quiser ser um líder. Também terá que ver as pessoas como diferentes entre si, mas todas com grandes expectativas e vontade de vencer. Aproximar-se de cada uma naquilo que precisa e ajudá-lo a crescer fará com que você também cresça e seja reconhecido em seus valores.

Esperamos que cada leitor tenha tido oportunidade de se "ver" em muitas das proposições e considerações que fizemos, possa praticar as ações e posturas que o leve a ser um líder ou a melhorar sua performance como líder.

Tenham consciência de que a liderança é para todos!

A liderança não é "um bicho de sete cabeças"...

Então,

Seja um líder da cabeça aos pés;
com vontade;
inspiração;
transpiração; e
mergulhe de cabeça na idéia de liderar com pessoas...

REFERÊNCIAS BIBLIOGRÁFICAS

AMORIM, Tânia Nobre G.F. (organização.) *Vivendo e aprendendo: melhorando seus relacionamentos na vida e no trabalho.* Recife: Ed. Universitária UFPE, 2003.

_____. *O processo de feminino e masculino na gestão: opostos que se complementam?* Tese de Doutorado em Administração, UFPB, 270p, 2001.

_____. Terninho e gravata opção ou obrigação para as executivas. In: 27º ENCONTRO DA ANPAD, 1999, São Paulo. *Anais do 27º ENANPAD.* Rio de Janeiro: ANPAD, setembro 2003. CD-ROM.

ARNOLD, Willian W.; PLAS, Jeanne M. Liderança orientada para as pessoas. In: HESSELBEIN; GOLDSMITH; BECKHARD. *O líder do futuro.* São Paulo: Futura, p. 145-152, 1996.

BARDWICK, Judith M. Gerência em tempo de paz e liderança em tempo de guerra. In: HESSELBEIN; GOLDSMITH; BECKHARD. *O líder do futuro.* São Paulo: Futura, p. 145-152, 1996.

BENNIS, W. Uma força invisível. *HSM Management,* São Paulo, ano 5, nº 26, setembro-outubro 2001.

BENFARI, R; KWOX, J. Understanding your management style. In: BENNIS, Warren. Uma força irresistível. *HSM Management.* São Paulo, nº 26, p. 66-72, maio-junho 2001.

BERGAMINI, C.W. *Liderança; administração do sentido.* São Paulo: Ed. Atlas, 1991.

_____. *Liderança; administração do sentido.* São Paulo: Ed. Atlas, 1994.

_____. *O líder eficaz.* São Paulo: Atlas, 2002.

BETIOL, Maria I.S. Ser administradora é o feminino de ser administrador? In: 24º ENCONTRO DA ANPAD, 1999, Florianópolis. *Anais do 24º ENANPAD*. Rio de Janeiro: ANPAD, setembro 2000. CD-ROM.

BRIDGES, W. Conduzindo a organização sem cargos. In: HESSELBEIN; GOLDSMITH; BECKHARD. *O líder do futuro*. São Paulo: Futura, p. 37-44, 1996.

BORSTEIN, S. Criando organizações com muitos líderes. In: CAIXETA, Nely. As mulheres de negócios mais interessantes do Brasil. *EXAME*, São Paulo, edição 687, ano 32, nº 9, p. 122-133, 5 maio 1999.

COLE, M. Become a leaders followers want to follow. *Supervision*, Burlingto, v. 60, nº12, p. 6-11, december 1999.

COVEY, Stephen R. Três funções do líder no novo paradigma. In: HESSELBEIN; GOLDSMITH; BECKHARD. *O líder do futuro*. São Paulo: Futura, p. 159-168, 1996.

DRUCKER, P. Nem todos os generais foram mortos. In: HESSELBEIN; GOLDSMITH; BECKHARD. *O líder do futuro*. São Paulo: Futura, p. 11-14, 1996.

_____. Lições de liderança de meus mentores. In: HESSELBEIN; COHEN. *De líder para líder*. São Paulo: Futura, p. 15-19, 1999.

FRANK, Ronald; PORTER, John; Gertz, Dwight. Crescimento = foco na liderança. *HSM Management*. São Paulo, nº 12, p. 70-74, 1999.

GALBRAITH, J.R.; EDWARD E.; LAWLER III & A. *Organizando para competir no futuro*. São Paulo: Makron Books, 1995.

GOLDSMITH, Marshall; FULMER, Robert; GIBBS, Phillip. Incubadoras de líderes. *HSM Management*. São Paulo, nº 26, p. 80-85, maio-junho 2001.

GOSHAL, S. A empresa individualizada. *HSM Management*, São Paulo, ano 3, nº 14, maio-junho 1999.

GOLEMAN, D. *Inteligência emocional*. Rio de Janeiro: Objetiva, 1999.

HANDY, C. A nova linguagem da Administração e suas implicações para os líderes. In: HESSELBEIN; GOLDSMITH; BECKHARD. *O líder do futuro*. São Paulo: Futura, p. 29-36, 1996.

HELGESEN, S. Liderando pela base. In: HESSELBEIN; GOLDSMITH; BECKHARD. *O líder do futuro*. São Paulo: Futura, p. 45-50, 1996.

HOLLANDER, E.P. *Leadership Dynamics – a pratical guide to effective relationships*. New York: Free Press, 1978.

JEBALI, P. RH e suas provações. *Revista Melhor,* janeiro-fevereiro 2002.

KATCHER, A. *Leadership revisited.* Califórnia: Van Nuys, 2000.

KATZENBACH, J.R. Cultive o orgulho. *Exame,* São Paulo, ano 38, n° 1, 21 janeiro 2004.

KOTTER, J.P. Os lideres necessários. *HSM Management,* São Paulo, ano 1, n° 1, setembro-outubro 1997.

KOUZES, J.M.; POSNER, B.Z. *Credibility how leaders gain and lose it, why people demande It.* San Franscisco: Jossey-Bass Publishers, 1993.

_____. *O desafio da liderança – como conseguir feitos extraordinários em organizações.* Rio de Janeiro: Ed. Campus, 1991.

_____. Credible Leaders. *Executive Excellence,* USA, v. 8, n° 4, p. 9-13, april 1991.

_____ Leadership is your business. *Executive Excellence,* USA, Provo, v. 13, n° 4, p. 9-13, april 1996.

_____. *Leadership practices inventory; individual contributor, facilitator's guide.* San Franscisco: Jossey-Bass Pfeiffer Publishers, 1997.

_____. *Encoraging the Heart. A leader's guide to rewarding and recognizing others.* USA: Jossey-Bass, 1999.

_____. The Janusian leader. *Executive Excellence,* USA, Provo, v. 17, n° 7, p. 3-5, july 2000.

KOUZES, James M. Getting to the heart of leadership. *The Journal for quality and Participation,* USA, Cincinnati v. 22, n° 5, p. 64-65, September-octuber 1999.

LEIDER, Richard. A suprema tarefa da liderança; a autoliderança. In: HESSELBEIN; GOLDSMITH; BECKHARD. *O líder do futuro.* São Paulo: Futura, p. 193-202, 1996.

LEITE, C. *Mulheres: muito além do teto de vidro.* São Paulo: Atlas, 2ª ed., 1994.

LIPMAN-BLUMEN, Jean. *Liderança conectiva.* São Paulo: Makron Books, 1999.

_____.Hot groups "with attitude": a new organizational state of mind. *Organizational Dynamics,* New York, v. 27, n° 4, p. 63-72, 1999.

MASLOW, A.H. *Maslow no gerenciamento.* Rio de Janeiro: Qualitymark, 2000.

MINTZBERG, H. Trabalho do executivo: o folclore e o fato. *Biblioteca Havard de Administração de Empresas*, v. 3, n° 18, São Paulo, Abril-Tec, 1987.

_____. Não faça planos: trabalhe. *Exame*, São Paulo, ano 38, n 1, 21 janeiro 2004.

MELÉNDEZ, S. Uma visão "de fora" da liderança. In: HESSELBEIN; GOLDSMITH; BECKHARD. *O líder do futuro*. São Paulo: Futura, p. 289-298, 1996.

MORGAN, G. *Imagens da Organização*. São Paulo: Atlas, 1996.

MON, S. Estimular o Talento. *HSM Management*. São Paulo, nº 26, p. 74-78, maio-junho 2001.

MUSSAK, E. *Metacompetência; uma nova visão do trabalho e da realização pessoal*. São Paulo: Editora Gente, 2003.

PAVAN, S. Os segredos do universo feminino. *Gestão RH*, n° 55, p. 55-56, novembro-dezembro 2003.

PEASE, Allan; PEASE, Bárbara. *Por que os homens fazem sexo e as mulheres fazem amor?: uma visão científica (e bem humorada) de nossas diferenças*. [tradução Neuza M. S. Capelo]. Rio de Janeiro: Sextante, 4ª ed., 2000.

PREDEIRA, A. *Competência Emocional*. Salvador: Casa da Qualidade, 1997.

RODDICK, A. Uma mulher muito especial de fazer negócio. *Mulher Carreira*. São Paulo, p. 20-24, janeiro 2004.

SHINYASHIKI, R. *O poder da solução*. São Paulo: Editora Gente, 2003.

SOUZA, C. *Você é do tamanho de seus sonhos*. São Paulo: Editora Gente, 2003.

TATA, J. The influence of gender on the use and effectiveness of managerial accounts. *Group & Organization Management*, Thousand Oaks, v. 23, n° 3, p. 267-288, setembro 1998.

ULRICH, D. Liderança que leva a resultados. *HSM Management*, n. 42, p. 152-158, janeiro-fevereiro 2004.

VILAS BOAS, L.H.B.; PAULA NETO, A.; CRAMER, L. Relações de gênero as organizações... *Revista de Administração*, São Paulo, v. 38, nº 3, p.219-229, julho-agosto-setembro 2003.

YUKL, G. A. *Leadership in organizations*. USA: Prentice-Hall International, 1989.

WILSON, F. Organizational Theory: blind and deaf to gender? *Organization Studies*, v. 17, n° 5, p. 825-842, 1996.

WOLHELM, WARREN. Aprendendo com os líderes do passado. In: HESSELBEIN; GOLDSMITH; BECKHARD. *O líder do futuro*. São Paulo: Futura, p. 223-228, 1996.

Um Pouco Sobre os Autores

Tânia Nobre Gonçalves Ferreira Amorim. Professora da Universidade Federal de Pernambuco desde 1981. Graduada, Mestre e Doutora em Administração. Trabalhou na área de Recursos Humanos e Gerencial, inclusive em organizações privadas. Ocupou diversos cargos gerenciais na UFPE, e foi Chefe e Subchefe do Departamento de Ciências Administrativas, Coordenadora do Curso de Graduação em Administração, Pró-Reitora de Gestão de Pessoas e Qualidade de Vida, Coordenadora Geral do Programa de MBA-executivo, dentre outros. Ensina na Graduação e Pós-graduação de Administração e faz consultorias organizacionais. Desenvolveu e coordenou várias pesquisas na Área Organizacional e de Gestão de Pessoas, orienta alunos da graduação e pós. Publicou diversos artigos em congressos nacionais e internacionais, organizou e participou de diversos eventos acadêmicos e é autora de livros.

Tiziana Jorda Severi Freitas. Professora do Departamento de Ciências Administrativas da Universidade Federal de Pernambuco desde 1977. Mestre em Administração Rural e

Comunicação Rural, trabalha com as áreas de Comunicação Empresarial e Qualidade de Vida. Ocupou diversos cargos gerenciais na UFPE, dentre eles foi Diretora de Qualidade de Vida da Pró-Reitoria de Gestão de Pessoas e Qualidade de Vida. Ensina na Graduação e Pós-graduação de Administração e Secretariado. Desenvolve consultoria na área organizacional e de pessoas. Publicou diversos artigos em congressos nacionais e internacionais. É autora de livros e leciona também o idioma italiano.

Américo Nobre Amorim. Sócio e CEO da D'ACCORD MUSIC SOFTWARE. Fundador do site de música SomBrasil, vencedor de vários prêmios Ibest. Atuou em várias empresas como consultor nas áreas de Internet e comércio eletrônico. Mestrando em Administração pela Universidade Federal de Pernambuco. É autor de livros e artigos premiados em congressos internacionais na área de comércio eletrônico e negócios virtuais.

Pietro Severi. Graduando de Administração pela Universidade Federal de Pernambuco. Foi bolsista de Iniciação Científica na Pró-Reitoria de Gestão de Pessoas e Qualidade de Vida da UFPE. Participou do Programa de Intercâmbio Acadêmico com a Universidade de Salamanca. Atualmente é Auditor em Organização Multinacional.

Entre em sintonia com o mundo

QualityPhone:
0800-263311
Ligação gratuita

Rua Teixeira Júnior, 441
São Cristóvão
20921-405 – Rio de Janeiro – RJ
Tel.: (0XX21) 3860-8422
Fax: (0XX21) 3860-8424

www.qualitymark.com.br
E-Mail: quality@qualitymark.com.br

Dados Técnicos

Formato: 16 X 23

Mancha: 12 x 19

Corpo: 11

Entrelinha: 13

Fonte: Book Antiqua

Total de Páginas: 136

VOZES IMPRIMIU